서양 정치사상사

첫 단 추 시 리 즈

서양 정치사상사

리처드 왓모어 지음

황소희 옮김

교유서가

일러두기

- 원문은 각주 및 미주가 없으며 모든 주는 옮긴이의 주이다.
- 원문은 영어권 일반 독자의 손쉬운 이해를 위해 인명, 조직명, 캠페인 등 고유명사를 모두 영문으로 풀어쓰고 있다. 한국어 독자를 위해 중국어 원명 및 한자를 부기한 것은 모두 옮긴이가 추가한 것이다.
- 원문에는 중국어 문헌자료의 직접 인용문이 많은데, 찾을 수 있는 범위 내에서는 중국어 원문을 찾아서 역주에 첨부하였다.
- 등장인물의 생몰년 및 한자명은 옮긴이가 추가한 것이다.
- 독자의 문장 이해를 돕기 위해 옮긴이가 추가 삽입한 부분은 〔 〕로 처리하였다.
- 원문에서 원래 삽입된 부분은 동일하게 ( )로 처리하고, 추가한 중국어 원명 및 한자, 이해상 영어 원문을 병기한 경우 역시 ( )로 처리하였다. 다만, 한문과 원문 삽입에서 괄호가 겹치는 경우 ( )와 〔 〕를 겸용하였다.
- 원문에 연도, 인명 등의 소소한 오류가 보이나 옮긴이의 판단 오류가 있을 수 있으므로 가급적 원문을 존중하였으며, 교정 후 바꾼 내용은 역주에서 밝혔다.

차례

1. 제임스 세이어, 카를로 왕(Carlo Khan)의 리덴홀 거리 입성 (1783년 12월 5일)

제 I 장

역사와 정치

모자와 코끼리

사람 얼굴을 한 코끼리를 타고 있는 뚱뚱한 남자는 무엇을 하고 있는 걸까?(**그림 1**) 그는 왜 파샤(pasha)¹처럼 옷을 입었고, 그 옆에 안경 쓴 날씬한 남자가 들고 있는 깃발의 의미는 뭘까? 왜 그들은 리덴홀 거리(Leadenhall Street)를 걸어가고 있는 걸까? 이 그림의 의미는 무엇일까? 정치사상사는 이러한 질문들에 대답할 수 있다. 뚱뚱한 남자는 방탕한 생활과 도박 중독으로 유명했던 영국의 휘그당(Whig) 정치인 찰스 제임스 폭스(Charles James Fox)다. 그가 타고 있는 코끼리에 그려진 얼굴은 영국의 총리였던 노스 경(Lord North)인데, 그는 향후 미국이 될 13개 식민지와의 전쟁을 오래 끌었던 것으로 악명 높은 인물이다. 코끼리를 끌고 가는 인물은 여전히 많은 사람들에게 근대 보수주의 이론의 창시자로 알려진 에드먼드 버크(Edmund Burke)다. 당시 폭스와 버크는 의회에서 동인도회사의 권한을 줄이기 위한 법안을 추진하고 있었다. 버크는 특히 벵골의 총독이었던 워런 헤이스팅스(Warren Hastings) 같은 제국 건설자들의 잔혹한 행위들에 비판적이었다. 버크는 헤이스팅스를 부패 혐의로 탄핵하기 위해 수년을 보내기도 했다.

제임스 세이어(James Sayers)가 1783년 12월에 그린 이 그림은 북아메리카와 인도의 해방을 주장하던 폭스와 버크의 행동을 칭찬하고 있는 것이 아니다. 오히려 세이어는 두 사람이 당시 말로 '동양의 독재자(oriental despots)'가 되려고 하며, 영국에 외국의 폭정과 동양의 사치품에 대한 중독을 불러들이고 있다고 비난했다. 그래서 폭스가 고집스레 자칭하던 '국민을 위한 사람(man of the people)'이라는 말이 깃발에서 지워지고 'BAΣIVEVS BAΣIΛEΩN', 즉 '왕 중의 왕'이라는 말이 적혀 있는 것이다. 버크가 들고 있는 인도 지도에는 델리부터 세인트 조지 요새까지 그려져 있는데, 벵골만 지역에는 'C-F', 즉 찰리 폭스의 개인 제국이라는 표시가 되어 있고, 이러한 점령 사실은 곧 런던 리덴홀 거리에 있는 동인도회사 사무실에 제출되려는 참이다.[2] '올빼미(night crow)는 불운한 시절을 예고하며 울었다'라고 적힌 글씨 위의 까마귀는 곧 재앙이 임박했음을 암시하고 있다. 셰익스피어의 희극 『헨리 6세』 3부(5막 6장)에 나오는 이 문장은 헨리 6세가 리처드 3세(글로스터 공작)에게 암살당하기 전 그의 사악한 행동들을 저주하며 뱉는 말이다. 세이어의 그림은 폭스와 버크가 제출한 인도 법안을 제대로 비방하는 데 성공했고, 결국 해당 법안은 의회에서 부결되었다. 노스 경이 주도한 연립 정부도 곧 무너졌다. 세이어는 그림을 통해 스스로를 사람들의 편이라 칭하는 사람들도 독재의 유혹에 쉽게 빠져들 수 있다는 점을 경고하고 싶었다. 세이어의 그림은 긍정적 의미에서의 '유럽에 대한 타자화'와 오리엔탈리즘[3]적 편견을 부추겼던 동양에 대한 당대의 흔한 인식을 전형적으로 그려내고 있기도 하다.

역사는 정치를 설명한다. 정치사상사는 정치적 기획, 행위, 발언에 대한 다양한 인식과 그 일을 실제로 벌였던 사람들의 희망, 비판자들의 두려움 등을 파헤친다. 이념들의 역사에 대한 지식은 우리가 몰랐던 사실들을 알려준다. 예를 들면 오늘날 푸시햇(Pussyhats, 그림 2)을 쓴 사람들이 모자를 통해 도널드 트럼프를 조롱하고 MAGA(Make America Great Again) 모자의 대용품을 제시하고 있을 뿐만 아니라, 해방된 노예들이 쓰던 모자인 로마 필레우스(pileus)까지 거슬러올라가는 오랜 전통을 가진 '자유의 모자' 계보를 잇고 있음을 알게 된다. 푸

2. 푸시햇(Pussyhat)

3. 프리기아 모자

시햇은 정말로 자유의 상징인 프리기아 모자(Phrygian caps)를 닮았다.

프리기아는 아나톨리아에 위치한 청동기 시대의 왕국이다. 고대 그리스의 동전을 보면 금을 향한 탐욕으로 알려진 프리기아의 미다스 왕이 이런 모양의 모자를 쓰고 있는 것을 볼 수 있으며, 로마 시대의 그림에서도 트로이의 영웅인 파리스가 이 모자를 쓰고 있는 것을 찾아볼 수 있다. 트로이 역시 헬레스폰트 프리기아에 위치한 로마의 속주였기 때문이다. 프리기아 모자도 폭스가 쓰고 있는 터번과 마찬가지로 동양을 사치, 제국, 종교적인 미트라 숭배에 대한 신비주의 등과 연관시키는 오리엔탈리즘적 기원을 가진다. 이런 식으로 새빨간 프리기아 모자가 어떻게 유럽 전역에서 자유를 위해 기꺼이 목숨을 바치겠다는 의지를 상징하게 되었는지를 정치사상사를 통해 풀어낼 수 있다.

역사 속 자유

정치사상사를 다룰 때 유용한 시작점을 잡는 방법은 '인간은 자유롭게 태어나 어디에서나 쇠사슬에 묶여 있다'와 같이 역사상 가장 영감을 주는 발언 중 하나를 고르는 것이다. 장자크 루소(Jean-Jacques Rousseau)의 『사회계약론 *Contrat social*』(1762)의 유명한 첫 문장을 액면 그대로 바라보자면, 어디에나 존재하는 인간에 대한 구속을 확인하며 반란을 선동하는 것처럼 읽힌다. 출간된 지 몇 달 되지 않아 정부와 종교를 파괴한다는 이유로 제네바와 프랑스에서 루소의 책이 불태워진 데는 이런 이유도 있을 것이다. 이후 루소는 존 밀턴(John Milton)의 『실낙원*Paradise Lost*』에 묘사된 지옥에 갇힌 악마의 화신이라는 비판을 받았다. 이것 역시 루소의 저작이 수십 년후 프랑스혁명에 영감을 주었다는 이유로 널리 칭송받기도, 또 비난받기도 한 이유이다. 루소의 저작들은 다음과 같은 하나의 분명한 메시지를 갖고 있는 듯하다. 당신을 둘러싸고 있는 부패와 폭정에 맞서 저항하고 대항하라.

　　루소의 저작을 불구덩이에 던진 검열관들은 루소의 책을 읽지 않았을 것이다. 루소를 저항군의 수호성인으로 칭송했던 혁명가들도 마찬가지일 것이다. 확실히 어느 쪽도 루소의 진정한 정치적 함의를 이해하지 못했다. 루소는 이후의 저작과 친구들에게 보낸 수많은 편지에서 자신의 『사회계약론』이 완전히 잘못 이해되고 있다고 주장한 바 있다. 루소는 책에서 자유는 한 번 상실되면 다시 회복하기 어렵다고 주장했다. 부패가 만연해지면 — 루소에게는 파리가 그 전형이었다 — 대중 혁명은커녕 성공적인 개혁의 가능성조차도 없다고 했다. 루소가 더 넓은 관점에서 이야기하고자 한 바는 사람들은 선동가의 레토릭과 부유하고 권력을 가진 선동가에 대한

4. 제임스 길레이, 폼페우스 기둥의 좌석: 대중의 웃음거리가 된 과학 (1799년 3월 6일) 루소의 『사회계약론』 주석

선망으로 인해 너무나 잘 속아 넘어가기 때문에 정치적 논쟁이, 특히 민주적 광장에서 아무런 쓸모가 없는 경우가 많다는 점이었다. 루소가 보기에, 정치적 사유는 가장 어려운 사안이었다. 사람들이 행복하거나 자유롭게 살 수 있는 유일한 국가 형태인 작은 규모의 국가는 근대에 들어 더 크고 부유한 국가들에 의해 지배되었기 때문이다. 부유한 국가들은 돈을 통한 권력 추구에 중독되었고, 이득에 대한 욕망은 상업 사회의 모든 것을 타락시켰다. 그 결과 개혁은 그것이 얼마나 좋은 의도로 추진되었건 간에 자주 엇나가게 되었다.

루소의 진정한 생각이 무엇인지 찾아내는 일은 정치사상사의 목표 중 하나다. 칼뱅파 제네바 공화국에서 시계공의 아들로 태어난 루소 같은 사람은 아직도 우리에게 많은 이야기를 건네고 있기에 이러한 작업은 매우 중요하다. 루소 딴에는 자신이 카이사르와 같은 압제적 인물의 통치와 반복되는 전쟁을 맞이할 수밖에 없는 상업 사회를 살아가는 사람들에게 경고를 보내고 있다고 생각했다. 작은 국가들은 멸종위기종의 처지에 놓여 있었다. 잘 속아 넘어가는 사람들에게 정치는 점점 멀게만 느껴졌을 것이고, 깊은 병폐를 해결하기 위한 조치가 필요해졌다. 그리고 혁명은 상황을 개선하기보다는 언제나 악화시킬 것이다.

틀림없이, 루소를 이해하고자 한다면 루소의 책을 번역본이든 원어로든 직접 읽어야 한다는 이야기가 나올 법하다. 여기서 한 가지 짚고 넘어가야 할 지점은 저자의 주장이 가진 역사적 의미를 밝혀내고 싶다면 저자가 살았던 당시의 정치에 대한 여러 전제들을 재구성해내야만 한다는 점이다. 당시의 정치 행위자들에게 무엇이 중요했을지, 스스로 무엇을 하고 있다고 인지했을지, 앞에 놓인 선택지들을 어떻게 의식했을지를 이해하겠다는 마음을 갖고, 글이 쓰였던 그 시기에 완전히 빠져들어야 한다. 예를 들어, 루소에게 있어 크기가 큰 국가에서 민주주의를 한다는 것은 상상도 하지 못할 일이었다. 루소라면 그런 국가는 절대 존재할 수 없다고 말할 테다. 인민에 의한 자유로운 정부는 같은 문화를 공유하고 서로를 위해 자신을 희생할 준비가 되어 있는 사람들이 있어야만 가능한 것이며, 그런 건 시민들이 서로를 알고 이해할 수 있는 작은 국가에서나 가능한 일이기 때문이다.

이러한 추론도 의미가 있을까? 현대의 논쟁을 참고하여 저자의 의견을 재구성해보는 일은 저자의 의견이 여전히 유의미함을 확인하는 데 도움이 된다. 하지만 루소를 단순히 최초의 민주주의자나 혁명가로 조명하는 것보다, 그 당시를 살았던 다른 사람들과 마찬가지로 루소 역시 곧 닥쳐올 문제들과 그 시대의 병폐를 진단했다고 보는 것이 더 타당하다. 루소는 자칭 공화주의자들이 지속가능한 공화국에 살고 있는지, 그리고 자칭 민주주의자들이 실은 범주 오류를 범하고 있는 것은 아닌지 질문을 던졌다. [그럼에도] 루소는 비평가들에 의해 현 상태를 비난하는 적이라면서 수렵·채집의 삶과 고결한 야만인의 삶을 옹호하고, 정적 볼테르의 표현처럼 인류를 네 발로 걷는 동물로 되돌리고 싶어한다는 부당한 비판을 받았다. 루소는 자연에 가까이 있는 식물, 동물, 토착 사회를 살펴보는 것을 좋아했는데, 그러면서도 과거와 현재의 정치에 대해서는 냉철하리만큼 현실적이었다. 루소의 가까운 독자들 중 몇은 루소를 '냉소가(Cynic)'라 불렀는데, 전쟁을 불러들이지 않고서는 인간 사회의 문제들을 해결하기 어렵다는 것을 그가 너무나 명확히 알고 있기 때문이었다.

루소에 따르면, 정치에 의해 모이게 된 사람들은 다른 교회 신자들을 개종시키기 위해 싸우는 선교자 종교의 일원처럼 변하는 경우가 많았다. 교회 안에서 사람들은 처음에는 믿음을 공유하는 형제자매들에게 헌신했을지라도, 점차 편을 갈라 이전보다 훨씬 더 순수하다고 여겨지는 새로운 종파를 만들게 된다. 다른 사람들을 자신만의 제국에 끌어들여 생각을 바꾸고 지배하고자 하는 충동은 어떻게든 없애야 한다. 하지만 그러한 바람은 하나의 사회 안에서도 달성되기 어려운 것이었고, 경쟁하는 국가 사이에서는 거의 이뤄지기 불가능한 일이었다. 루소가 지적한 것 중 하나는 중대한 위기를 겪어야만 정치에서의 진정한 변화가 가능하다는 점이었다. 머리 위에 있던 다모클레스의 칼[4]이 사라졌다고 생각하고 사람들이 마음을 놓는 순간, 낡은 부패와 타락이 다시 발생하게 된다. 루소는 진정한 의미의 정치 앞에 놓인 거대한 어려움에도 불구하고 세상에서 가장 중요한 일은 사람들이 살아가는 전 세계의 작은 공동체들을 지키는 일이라고 말했는데, 작은 공동체야말로 사람들이 더 행복하고 폭력에 덜 노출되어 살아갈 수 있는 곳이기 때문이다. 루소는 이러한 공동체들이 제국을 꿈꾸는 상업 사회들의 발전으로 인해 어느 때보다도 위기에 처해 있다고 보았다. 루소는『사회계약론』을 미완성의 책이라고 인정할 정도로 해결책을 찾지 못하는 스스로의 모습을 솔직히 인정했지만, 위기의 본질과 실패가 자명한 기존의 부분적인 해결책에 대한 루소의 통찰은 새로운 지식에 중요한 기여를 했다. 한계, 불확실성, 의도치 않은 결과, 실패는 루소에게 있어 정치적 지혜 그 자체였을 것이다.

오늘날 우리는 또다시 도처에 위기가 도사리는 시대를 살고 있다. '역사의 종언'이라 불릴 정도로 오랫동안 제2의 천성으로 여겨지던 민주주의적, 자유주의적 정치는 현재 매우 위태로운 상황에 처해있다. 많은 평론가들이 자유민주주의가 현세대를 넘겨 살아남지 못할 수도 있다고 이야기한다. 더 나아가 20세기에 전 세계의 많은 지역에 산업 발전을 가져온 정치와 상업 사회의 결합은 언제나 자유주의적 혹은 마르크스주의적인 겉치장 아래에서 유례없이 막심한 천연자원의 착취를 동반했고, 지금 그것이 지구상에서의 삶 자체를 위협하고 있는 것처럼 보인다. 변화가 필요할 때일수록 과거를 들여다보는 것은 매우 중요해진다. 과거 세대들도 비슷한 곤경에 처한 적이 있기 때문이라는 아주 간단한 이유에서다. 정치에 있어 과거 세대는 모든 것을 겪었고 새로운 것은 하나도 없다. 이것이 바로 하나의 분야로서의 정치사상사가 어느 때보다도 필수적인 이유이다. 이 책을 통해 현재 이 분야의 지배적인 접근방식과 정치사상사가 앞으로 직면하게 될 몇 가지 쟁점을 소개하고자 한다.

제 2 장

정의와 의의

다양한 정치사상의 역사들

정치사상사를 하나의 고유한 연구 분야로 생각하게 된 것은 최근의 일이다. 하지만 역사적으로 보았을 때 모든 사회는 온건한 형태에서 출발해 체계를 갖추는 방식으로 정치사상의 역사를 형성해왔다. 한 사회의 생존이 달려 있다고 여겨지는 신에 대한 숭배가 정치와 서로 얽혀있던 과거에는, 신화와 역사가 서로 뒤섞여 있었다. 급진적인 변혁을 위해 때로는 신의 예언을 활용하는 것도 정치사상의 역사를 돌아보면 흔한 일이었다. 이집트의 파라오였던 아케나톤(Akhenaten)은 제사장의 권한을 축소하기 위해 태양신만이 유일한 신이며 자신이 그 후손이라고 선포했다. 로마 황제였던 콘스탄티누스

1세의 구호였던 '이 표시(십자가)로 승리하리라'는 문장은 — 기원후 312년 밀비우스 다리의 전투에서 정적 막센티우스(Maxentius)를 물리쳤을 때 처음 만들어졌다고 한다 — 제국의 확장과 기독교로의 개종을 정당화하는 데 사용되었다.

신의 말씀을 신봉하거나 거역하는 것은 살고 죽는 것, 혹은 노예가 되는 것을 의미하기도 했다. 중세 시대에 스와힐리 해안 내륙지방에서 활동하던 이슬람 상인들은 그들이 노예로 삼았던 사람들을 이교도(infidels)로 간주하였으며, 그들은 곧 정당한 표적이 되었다. 상인들은 그들이 데리고 있는 인적 재산을 아라비아, 이집트, 이라크 등으로 실어날랐다. 신의 분명한 뜻을 세우는 것은 내세에서의 구원을 의미하기도 했다. 교황 우르바노 2세(Urban II)는 무슬림으로부터 예루살렘을 되찾아오는 것은 모든 기독교인들의 의무이고, 1차 십자군전쟁으로 불리게 될 전쟁에 참여하는 자는 누구나 천국으로 갈 수 있다고 1095년에 발표했다. 이는 오늘날 지하드(Jihad)[1]에 대한 일부 이슬람교도들의 이해와 매우 흡사하다. 또다른 예시는 불교의 역사 속에서 찾아볼 수 있다. 3대 달라이라마였던 쇠남 갸초(Sonam Gyatsho)는 몽골인들을 개종시키기 위해 1578년 그의 제자인 알탄 칸(Altan Khan)이 실은 쿠빌라이 칸(Kublai Khan)의 환생이고, 자신 역시 몽골에서 환생할 것이라 선포했다. 다소 의심스러운 부분이 있긴 하지만 쇠남 갸

초는 입적 후 알탄 칸의 증손자이기도 했던 용텐 갸초(Yonten Gyatso)로 환생하여 4대 달라이라마가 되었다.

현재가 과거의 축소된 버전으로 널리 이해될수록, 정치의 역사적 흐름을 구체적으로 이해할 수 있게 된다. 초기 근대 시기에 아비시니아(Abyssinia)²의 거주민들은 이미 사라진 기술로 만들어지고 그들이 이해할 수 없는 언어가 새겨진 거대한 여러 돌기둥(monolith)에 둘러싸여 살았다. 돌기둥을 둘러싼 이야기는 이렇다. 4세기경, 악숨 왕국의 에자나(Ezana) 왕은 기독교로 개종했지만 제국은 수 세기에 걸쳐 점차 쇠락의 길을 걸었고, 결국 960년에 있었던 '유대인 여왕 구디트(Yodit)' 혹은 '알다무타(al-Damutah) 부족의 이교도 여왕 바니 알함위야(Bani al-Hamwiyah)'라 불리는 여왕과의 전쟁에서 패배하며 무너졌다. 역사학자 에드워드 기번(Edward Gibbon)은 에자나의 패배 후 에티오피아는 천년의 암흑기에 들어갔다고 썼다. 그럼에도 불구하고 에티오피아는 이슬람 정치체들로 둘러싸였으면서도 독립된 기독교 국가로 살아남았다. 메카로부터 피신해있던 시절, 그의 딸에게 그곳이 피난처가 되었기에 선지자 무함마드가 아비시니아에 대한 공격을 금했기 때문이다. 이슬람 정치사상을 이해하려면 역사를 바라보는 다양한 관점들을 살피는 것이 매우 중요하다.

유럽과 아시아 전역에서는 고대 로마가 당대의 사회보다

훨씬 더 우월하다는 생각이 중세부터 18세기에 이르기까지 널리 퍼져있었다. 로마와 그리스 문화는 단순히 숭상되는 것을 넘어 지금은 르네상스(Renaissance)라 불리는 문예 부흥을 불러왔다. 특히 이탈리아의 도시국가들에서 시작해 여러 국가를 오가는 인문주의자(humanist)들에 의해 점차 퍼져나갔던 르네상스의 바람을 타고 비잔티움제국과 오스만제국의 지배하에서도 파괴되지 않은 고대 서적들이 필사되어 서쪽으로 운반됐다. 라틴어로 번역되고 주해를 달아 출판된 고대 서적들은 당시의 생활과 사유를 완전히 바꿔놓을 정도로 큰 영향을 끼쳤다. 고대 그리스 로마의 저술과 제작품, 그리고 예술은 많은 유럽인들로 하여금 지금의 철학, 예술, 문학, 군사 기술에서의 성취는 로마인들의 것에 비하면 아무것도 아니라는 인식을 갖게 만들었다.

심지어 예술, 문학, 기술이 점차 발전하고 있던 시기에는 고대 문화의 우월성을 여전히 믿고 있는 사람들과 근대 세계의 성취를 인정하자는 사람들 간의 논쟁[3]이 등장하기도 했다. 한쪽에서는 프랑스 시인 니콜라 부알로(Nicolas Boileau)가 지금의 열등한 사람들에게는 고대를 모방하는 것이야말로 그들이 품을 수 있는 가장 적절한 열망이라고 주장했다. 다른한 쪽에서는 다방면의 박식가로 유명했던 베르나르 르 보비에 드 퐁트넬(Bernard le Bovier de Fontenelle)이 근대적 세련미

5. 조너선 스위프트, 권두삽화, 『책들의 전쟁An Account of a Battle between the Ancient and Modern Books』(1704)

와 과학적, 기술적 성취의 우월성을 찬양하고 나섰다. 조너선 스위프트(Jonathan Swift)는 이 논쟁을 훌륭하게 풍자하기도 했다.

민족 신화가 다른 민족과의 전투를 정당화하거나 근래 혹은 고대의 역사 속에서 부당하게 좌절된 운명을 그리고 있다면, 이러한 믿음은 정치사상사에 반영될 것이다. 일례로 특정 국가나 지역에 거주하는 사람들이 스스로를 신이 선택한 민족이라 여긴다면, 영토 확장을 위한 폭력 행위를 정당화하는 데 역사가 동원될 수 있다. 사실 현대 이탈리아인들은 롬바르드족, 동고트족, 프랑크족, 노르만족 등 수많은 민족의 후손이라고 할 수 있지만, 1930년대 이탈리아를 다스렸던 파시스트 독재자 베니토 무솔리니(Benito Mussolini)는 19세기 유럽의 아프리카 쟁탈전을 통해 얻어낸 에리트레아와 소말리아 바로 옆에 있는 아비시니아(Abyssinia) 침공을 통한 식민지 확장을 정당화하기 위해 로마인의 적통 후손이라는 민족 신화를 만들어 냈다. 아돌프 히틀러는 제1차세계대전을 끝낸 베르사유조약을 독일인의 위대함과 권리에 대한 무지막지한 침해라고 이야기하고 다녔다. 히틀러가 보기에 독일은 토이토부르크숲 전투에서 로마를 꺾었던 승리자였으며, 외국의 반역자들이 배신하기 전까지만 하더라도 독일인들의 굳은 의지는 널리 위용을 과시하고 있었다.

대영제국 몰락 이후 점차 쇠퇴하고 있는 국가로 여겨지는 영국에서도, 의무 교육 대상자인 아이들에게 영국의 과거 전쟁에서의 승리 사실들을 주입해야 한다는 영국 정부의 정책 제안이 있었다. 반면 스코틀랜드에서는 다른 버전의 정치사상사가 널리 퍼져 있다. 그것은 스코틀랜드 원주민이 겪었던 잉글랜드에 의한 핍박과 자유의 상실을 묘사하고 있는 역사로, 독립을 통해 자유를 다시 회복하는 것을 목표로 두고 있다. 러시아에서는 스키타이족, 훈족, 튀르크족, 몽골족, 키예프 루스인 등 스텝 지대에 살았던 여러 유목민 부족이 세계사를 형성했다는 유라시아주의에 대한 민족 신화들이 강력한 힘을 발휘하고 있다. 표도르 도스토옙스키(Fyodor Dostoevsky)의 문학이 일부 고취한 슬라브주의(Slavophilia)[4]의 흐름은 서구의 세속적 자유주의와 사회주의와는 구분되는 미래를 그려냈고, 이러한 논의들이 역사적 문화와 관련되어 지금의 러시아에 특별한 사명이 주어져 있다는 주장들로 연결되기도 한다.

쇠퇴하고 있다는 역사 인식은 정치의 변환을 불러오기도 하는데, 이러한 현상은 19세기에 유럽 국가들에 비해 군사적으로 뒤쳐졌다고 생각하던 국가들에서 두드러지게 나타났다. 일본에서는 전국 시대(1467-1568)와 에도 시대(1603-1868)의 긴 평화를 거치며 국학, 신도, 불교 등 다양한 철학적 흐름 사이에서 주자학(confucianism)이 관학의 지위에 오르게 된다. 유학자였던 이토 진사이(伊藤 仁斎, 1627-1705)와 아라이 하쿠세키(新井白石, 1657-1725), 오규 소라이(荻生徂徠, 1666-1728)의 저작들이 이에 큰 기여를 했으며, 중간에 안도 쇼에키(安藤昌益, 1703-1762)에게 도전받기도 했지만, 후쿠자와 유키치(福澤諭吉, 1835-1901)와 나카에 조민(中江兆民, 1847-1901)으로 대표되는 학자들에 의해 현대에 맞는 방식으로 재정립되었다.

일본이 한 국가로서는 성공적으로 버텨왔을지 몰라도 유럽 열강에 대적할 만큼은 아니라는 인식이 생겨나기 시작하면서 사람들은 변화의 필요성을 받아들였다. 곧 서구에 대한 동경이 대세로 자리잡았다. 유럽의 정치사상이 서구의 국력과 자주권을 낳았다고 여겼기에 정치사상의 역사에 대한 관심은 곧 유럽의 정치사상에 대한 관심을 의미했다. 일본이 외세에 문호를 개방한 것은 1853년이었다. 1868년(메이지 유신)에는 일본이 서구의 위임 통치령이 되는 것을 막기 위한다는 명목으로 왕정복고가 이루어졌다. 만주와 한반도에서의 주도권을 두고 발발한 러일전쟁(1904-1905)에서 러시아가 일본에 패배하면서 일본은 강대국이 되고자 한 목적을 달성했다고 느꼈다. 이후 수십 년간 일본은 아시아를 지배하는 제국이 되겠다며 목표를 더 높였고, 이는 곧 중일전쟁(1937-

1945)과 태평양전쟁, 그리고 히로시마와 나가사키의 참상으로 이어졌다.

중국은 영국, 프랑스와의 제1차아편전쟁(1839-1842), 제2차아편전쟁(1856-1860)을 겪으며 약한 군사력이 빚어내는 결과를 직접 경험했다. 지구 반대편에 있는 한 국가가 오랜 문명의 역사와 독립을 누려온 아시아의 거대한 국가를 이렇게 손쉽게 짓밟아버릴 수 있다는 경험은 중국 사람들이 정치와 역사를 바라보는 태도를 지속적으로 좌우할 정도로 파급력이 컸다. 중국의 정치사상을 독특하게 만드는 것은 고대 중국의 정치가이자 사상가인 공자(기원전 551-479)와 그의 사상을 연구하는 유교라는 지적이 자주 제기된다. 이와 관련한 최근 저작으로는 김영민이 쓴 『중국정치사상사 *A History of Chinese Political Thought*』(2018)[5]이 있다. 이를 일반적으로 틀린 지적이라 할 순 없지만 중화권의 사상가들을 단선적으로 이해해서도 안 된다. 동아시아 전역의 내로라하는 독창적 사상가들은 세대를 거듭하며 사서오경이나 성리학을 집대성한 주희(朱熹, 1130-1200)의 주해본과 같은 유교의 주요 문헌을 둘러싸고 다양한 비판을 주고받았다.

남송시대(1127-1279)에 들어 정전(正典)이 된 유교의 사서(四書)가 중국의 문화적 특성을 결정지을 만큼의 파급력 있는 메시지를 담고 있었다고 주장함으로써 중국 정치사상에서의 유교의 중요성을 일반화할 수도 있겠다. 사서는 맞물려 움직이는 개인, 가족, 국가 간의 관계를 원만하게 다스림으로써 이뤄낼 수 있는 자기수양을 가르친다. 분쟁을 피하는 것의 중요성과 문제를 평화롭게 해결할 것을 강조하는 유교의 메시지는 이를테면 유럽의 봉건 영주와 왕의 관계 같은 적대적 관계들 — 대의 정부 기관의 기원을 여기서 찾을 수 있다 — 과 상반되는데, 이러한 유교적 원리에 따라 작동하는 사회적 연결망은 명청시대(1368-1912)에도 발견된다. 유교 철학이 실제 정치에서 작동하는 방식은 훨씬 더 미묘하고 복잡했는데, 공공선을 추구하는 좀더 안정적인 정부를 만들겠다는 목적으로 전통적인 유교의 가르침의 변화를 시도했던 오규 소라이의 사례가 대표적이다.

물론 역사적인 의미에서 중국답다는 것과 사회적으로 조화롭게 살아가는 것을 같은 의미로 받아들여서는 곤란하다. 예를 들면, 명나라 시기에는 오직 한족(漢族)만이 중국인으로 대접받았고, 법가 사상은 사회 질서 유지에 필요하다고 판단되는 경우 언제나 폭력 행사를 정당화했다. 하지만 20세기, 21세기 공산주의 국가로서의 중국의 특징, 즉 시민들의 생활과 문화 영역에까지 작동하는 중앙집권적 국가 양태는 유럽에서 수입된 것이다. 일본의 경우와 마찬가지로 중국도 유럽에 관심을 기울이기 시작했는데, 그 이유는 정치사상사가 국가를 어떻게 유지해야 할지를 가르쳐주었고, 군사력에서 있어서도 큰 차이가 발생했기 때문이었다. 동시에 '유럽적인 것', '서구적인 것'은 그때나 지금이나 분명 매우 복잡한 개념이라는 사실을 짚고 넘어갈 필요가 있다. 서양의 가장 큰 종교가 동양에서 들어왔다는 점, 그리고 중국의 과학기술뿐만 아니라 아랍과 인도의 천문학과 수학, 철학이 서구에 많은 영향을 끼쳤다는 점에서 특히 그렇다. '서구적'이라는 용어를 사용할 때는 이처럼 동양으로부터 빌려온 수많은 것들을 늘 염두에 두어야 한다.

정치사상사란 무엇인가?

신성하기도, 비극적이기도, 민족주의적이기도, 유토피아적이기도 한 정치사상의 다양한 역사들은 시간의 흐름 속에서 쉽게 찾아볼 수 있다. 하지만 학문 분야로서의 정치사상사는 1960년대에 비로소 등장했는데, 영웅과 악당 연구라고 불릴 만한 것에 대한 반란으로서 시작되었다. 정치사상 연구자들은 '현재주의(presentism)', 즉 특정한 질문이 시대를 초월하여 계속해서 반복되었을 것이라는 전제 하에 현대의 논쟁을 과거에 대입하는 방식에 비판적이다. 그들은 또한 마찬가지 이유로 해당 책의 저자가 민주주의자인지, 인권을 지지하는지, 요즘 시대에 태어났다면 트위터를 사용했을지, 아마존이나 구글이 세금을 더 내야 한다고 생각할지 등, 저자에게 전혀 해당되지 않을 만한 주제에 대해 저자가 특정 입장을 취했던 것 마냥 역사적으로 중요한 책들을 시대에 맞지 않게 독해하는 '예기적 해석(prolepsis)' 역시 피하고자 한다.

국가의 역사나 교단의 역사, 도덕 공동체의 역사들은 언제나 당대의 견해와 지도자, 제도를 정당화하는 방식으로 쓰이기 마련이다. 그러한 서사 안에서 지켜져야 하는 것들과 관련된 가치들은 착각에 빠진 비평가들에 맞서 서서히 퍼져나간다. 휘그 사관(Whig history)[6]이라 불리는 이러한 목적론적인 역사 서술은 오늘날에도 여전히 존재하는데, 그 안에서 특정한 국가나 종교는 밝은 빛과 함께 부상하고 특정한 정치적 가치는 영예를 얻게 된다. 정치사상사는 이러한 접근방식을 거부함으로써 과거의 사상에 대해 더 정확한 논의를 제시하고 더 많은 것들을 드러낼 수 있다. 자의적 판단이 덜 개입되기 때문이다. 이념 논쟁의 실상이 재구성됨으로써 당대의 저술가들이 접했던 딜레마와 그들이 했던 선택들이 훨씬 더 잘 설명될 수 있으며, 그 진가가 드러나게 된다. 한마디로 요약하자면, 과거에 대한 보다 미묘하고 유용한 해석이 가능해진다.

정치사상사가 하나의 학문 분과로서 등장하게 된 과정을 이해함에 있어 20세기의 비극적인 세계대전과 대량 학살이라는 배경이 반드시 고려되어야 한다. 나치는 유대인, 집시,

동성애자를 학살하고, 그들을 전쟁 포로들과 함께 독일 전쟁 경제를 떠받치는 노예 노동에 투입하기 위해 유럽 전역에 15000개가 넘는 수용소를 지었다. 역사상 가장 끔찍한 인간 학살 기구가 세워지고, 운영되고, 유지된 것은 사상사에 의해 정당화된 정치적 이데올로기의 결과물이었다. 아돌프 히틀러(Adolf Hitler)와 알프레트 로젠베르크(Alfred Rosenberg) 같은 나치당원들에게 있어 독일인은 아리아인 우수 인종이었다. 아리아인은 저열한 민족들에게 계속해서 침공당해왔고, 특히 아리아인의 국가 로마와 셈족의 국가 카르타고가 맞붙었던 포에니 전쟁 이후로 셈족에게 공격을 당해왔다. 기독교는 점차 혈통이 불순해지고 있는 게르만 민족을 더욱 약화시켰고, 실제로 동쪽 지역은 슬라브족의 통치를 받았다. 그리고 인종의 자연적 위계는 유대―볼셰비즘이라는 전례없는 형태의 도전에 직면했다. 여기서 유대―볼셰비즘이란 마르크스주의에서 레닌주의와 트로츠키주의로 이어지는 이데올로기로서, 러시아혁명을 촉발한 이데올로기이자 그에 대항하는 대규모 저항 운동이 존재하지 않았다면 전 지구를 지배할 수 있었던 이데올로기를 의미한다.

유럽 역사에 있어 이데올로기적으로 정당화된 잔학 행위는 새롭게 등장한 것이 아니었다. 십자군은 1095년부터 1453년까지 이슬람과 싸웠다. 성지(聖地)를 탈환하고 동로마/비잔

티움 제국을 지켜내고자 했던 십자군에 동참하는 것은 '십자가 표시를 받는 것(marked by the Cross)'[7]을 의미했다. 종교개혁 시기의 기독교인들은 예수 그리스도를 위해 죽임당했던 영혼들을 구원한다는 명목으로 다른 기독교인들을 살해하는 것을 정당화했다. 20세기도 다르지 않았다. 1899년[8]부터 1902년까지 이어졌던 제2차 보어 전쟁 때 영국인들은 보어인 게릴라군의 보급을 막기 위해 초토화 정책을 시행했다. 여자와 아이들은 농장이 파괴되는 것을 지켜봐야 했고, 비좁은 수용소에 갇혀 굶주리고 질병으로 죽어나갔다. 제1차세계대전 같은 대규모 기계화 전쟁은 4천만 명의 사상자를 발생시켰다. 1915년부터 1923년 사이에는 150만 명에 가까운 아르메니아인들이 오스만 제국군의 손에 죽었다. 소련은 1919년부터 굴라크를 건설해 체제에 반대하는 자들을 집어넣었고, 스탈린 시기에 굴라크는 거대한 감금 시설이자 노예 노동 시설로 탈바꿈했다. 1929년부터 스탈린이 사망한 1953년까지 대략 1400만 명이 굴라크를 거쳐갔다. 1939년부터 1945년까지 전 지구상에서, 제2차세계대전으로 인해 7500만 명이 사망했으며, 그중 대부분은 대량 학살, 폭격, 기아, 전염병으로 인해 사망한 민간인이었고, 홀로코스트로 인한 사망자 역시 비교 대상을 찾을 수 없을 정도로 많다.

　위에서 나열한 20세기의 정치 상황은 어떻게 정치사상사가 하나의 분야로 부상하게 되었는지를 이해하는 데 전반적인 맥락을 제공한다. 이와 관련된 영향력 있는 주요 저작들로는 — 나중에는 과거 사상을 시대착오적으로 독해했다는 비난을 받긴 했지만 — 프리드리히 하이에크(Friedrich Hayek)의 『노예의 길 *The Road to Serfdom*』(1944), 칼 포퍼(Karl Popper)의 『열린 사회와 그 적들 *The Open Society and its Enemies*』(1945), 한나 아렌트(Hannah Arendt)의 『전체주의의 기원 *The Origins of Totalitarianism*』(1951), 야코프 탈몬(Jacob Talmon)의 『전체주의적 민주주의의 기원 *The Origins of Totalitarian Democracy*』(1952), H. B. 액튼(H. B. Acton)의 『시대의 환상: 철학적 신조로서의 마르크스-레닌주의 *The Illusion of the Epoch: Marxism - Leninism as a Philosophical Creed*』(1955), 레이몽 아롱(Raymond Aron)의 『지식인의 아편 *The Opium of the Intellectuals*』(1955) 등이 있다. 1950년대부터 정치사상사를 연구한 수많은 학자들이 이러한 저작들을 따라 읽으며 나치즘이나 파시즘, 아니면 스탈린주의의 해결책을 찾기 위해 연구에 몰두했다. 독일계 유대인 망명자 헬무트 오토 파페(Helmut Otto Pappe)는 제네바의 역사학자이자 정치경제학자인 장 샤를 레오나르 드 시스몽디(Jean-Charles-Léonard Simonde de Sismondi)의 저작을 진지하게 받아들이는 사람이라면 누구든지 간에 정치적 광신주의에 결코 굴복하지 않으리라고 생각했다. 나치 독일의 또다른 망명자 야코프 페터 마이어(Jacob Peter Mayer) 역시 프랑스의 자유주의 이론가인 알렉시스 드 토크빌(Alexis de Tocqueville)을 언급하며 비슷한 주장을 펼쳤다. 정치사상사가들 중 일부는 지금까지도 정치사상사의 주된 의의가 미신적이거나 극단적인 교리를 뿌리째 뽑고, 그것들이 제기하는 위험성을 현실적으로 평가하는 데 있다고 주장한다.

정치사상사가 하나의 학문 분과로서 등장했을 때, 한편에서는 세계대전 이후 마르크스의 영향을 받은 사회주의/공산주의 혹은 자유민주주의/신자유주의와 같은 전 지구적인 이데올로기들에 의해 정당화된 국가를 수립하려는 시도가 계속해서 존재했고, 그런 이데올로기들은 모두 자신들이 인간의 열망을 충족시키거나 적어도 그러한 목표를 달성하기 위한 객관적 원칙을 정립했다고 주장했다. 이 점은 매우 중요한데, 왜냐하면 정치사상사가들은 전 지구적 이데올로기에 회의적인 경향이 있으며, 그를 통해 자신들이 미래에 닥칠 혼란과 위기를 막아내는 데 기여하고 있다고 생각하기 때문이다. 많은 정치사상사가들은 현대 정치 논쟁의 단층선과, 정치인과 이들을 이념적으로 정당화하는 사람들이 말하는 수많은 약속 뒤에 숨겨진 설득력 없는 유토피아적 전제를 발견하는 데 매우 능숙하다. 이슈트반 혼트(István Hont)의 연구가 좋은 예다.

혼트는 『무역의 질투: 역사적 관점에서 바라본 국제 경쟁과 국민 국가*The Jealousy of Trade: International Competition and the Nation ─ State in Historical Perspective*』(2005)에서 18세기 스코틀랜드 철학자 아담 스미스(Adam Smith)의 국가 흥망성쇠와 연관된 거시적 정치 분석이 유럽 대륙과 그 전망에 대한 포괄적인 분석으로 이어졌음을 보여주었다. 아담 스미스는 전쟁과 사치가 근대 국가의 형성과 밀접한 연관이 있음을 강조한 바 있다. 중국부터 페루에 이르는 다양한 국가를 탐구하며, 스미스는 평화롭고 온건한 환경 조성을 위한 냉철하고 현실적인 전략을 고안하기도 했다. 스미스의 틀 안에서 현실주의자가 된다는 것은 성공하지 못할 수 있다는 사실을 확실히 안다는 것을 의미하며, 그럼에도 불구하고 시도한다는 것이다. 스미스의 뒤를 잇고자 하는 야심을 품은 혼트에게 있어, 정치사상사란 인간의 상상력을 통해 역사 속의 경향성을 파악해내게끔 하고 그를 통해 현재 놓인 상황을 가혹할 정도로 정확하게 평가할 수 있게 하는 것이다. 정치사상사를 통해 광신주의에 맞서는 초기 경고 시스템을 마련할 수 있으며, 다양한 조건의 여러 공동체 앞에 놓인 선택지와 다가올 정치적 미래가 무엇인지를 보여줄 수도 있다.

　정치사상사는 위대한 인물들의 문헌을 연구함을 통해 만들어진 과거에 대한 기존 해석에 의문을 던지는 역할을 잘 해낼 수 있다. 사실 토마스 아퀴나스, 로크, 스피노자 혹은 칸트의 사상 등 지금 현재의 규범적 가치를 중시하는 인류학적 전통은 결국 역사적 의미에서 그다지 유효하지 않다. 크누드 하콘센(Knud Haakonssen)의 작업은 한 때 유럽 전역의 대학 교육에 있어 가장 중요한 요소였던 스콜라철학 이후의 자연법학이라는 잊힌 학문을 복원해낸 좋은 사례이다. 계몽주의 시기의 북아프리카를 대하는 유럽인들의 사고방식, 서책사(book history), 번역, 그리고 문화전이를 다룬 역사가 앤 톰슨(Ann Thomson)의 연구는 의미나 영향에 대한 모든 주장을 복잡하게 만드는 맥락 안에 정치를 위치시켰다. 정치사상사에서 가장 흥미로운 발전 중 하나는 젠더(gender)에 대한 새로운 관심이 생겨났다는 점이다. 『남성성의 지배: 폭정, 젠더, 그리고 영국의 고전적 공화주의*The Rule of Manhood: Tyranny, Gender and Classical Republicanism in England*』, 『르네상스 코먼웰스의 젠더화 *Gendering the Renaissance Commonwealth*』, 『여성과 국제 사상의 역사 *Women and the History of International Thought*』 같은 선구적인 저작들이 출판된 바 있다. 정치사상사가들은 결국 상호작용하는 인간 공동체의 현실과 가까우면서도, 복잡하고, 다면적이고, 지저분하기도 한 다양한 이념의 모습을 섬세하게 그려낸다.

정치사상사가들은 무엇을 하는가?

정치사상사가들은 역사적 공동체들의 사회적 삶의 모습을 그들만의 방식으로 분석하는 일을 하며, 그를 위해 그 당시의 문화적 관습과 언어, 담론을 탐구함으로써 과거에 살았던 사람들이 그들 자신의 삶에 대해 나눴던 대화를 최대한 그대로 복원하고자 한다. 정치사상사가들은 당시 사회가 직면하고 토론했던 여러 문제와 위기를 밝혀내고자 하는데, 그들이 주로 택하는 방법은 직접 쓰여진 글이나 현재까지 보존되고 있는 예술작품이나 건물 혹은 일상의 물건 같은 의미 있는 유물을 통해 그 당시의 이야기를 들여다보는 것이다. 이를 통해 역사적 의미를 찾아내는 것을 넘어 인과관계를 규명하는 방식으로 그 의미를 평가하는 데까지 이를 수 있다. 의미를 재구성해냄으로써 특정한 시기의 개인들 앞에 놓여 있던 여러 정치적 선택지들을 이해할 수 있기 때문이다. 일부 정치사상사가들은 거기서 더 나아가 현재 사회에 대한 교훈을 이끌어내기 위한 수단으로 과거를 활용하기도 한다.

정치사상사가들의 대다수는 언어를 공부한다. 여기서 언어란 정치적 논쟁에서 의견을 전개했던 역사적 인물의 공개된 발언 및 사적인 발언을 말한다. 연구 대상이 되는 인물 중에는 인문주의자, 궁정의 신하, 철학자, 외교관, 혹은 공직자로서 평생을 글쓰기와 사색에 몰두한 경우도 있고, 정치적 활동이 돋보였던 인물은 대중에게 공개하기 위한 자신의 입장이나 숨겨둔 사적인 생각들을 직접 기록해두는 경우가 많으니 말이다. 일반 개인들도 각자의 기록을 남기며, 그러한 기록들은 언제나 지나간 과거에 대해 많은 것을 알려준다. 가장 빈약해 보이는 증거나 비천한 대화 속에서도 의미를 발견할 수 있기에 정치사상사가에게는 누구 하나 거를 것 없이 모두가 중요하다. 이와 마찬가지로 과거의 흔적들 하나하나가 정치사상사가들에게는 연구 대상인 공동체 내에서의 이념적 지형과 권력관계를 드러나게 해주는 분석의 대상으로 쓰일 수 있다. 이러한 경향을 통해, 1960년대 이후의 정치사상사가들은 과거를 영원한 철학적 질문들, 예를 들면 정의, 행복, 용기, 지혜, 덕성의 의미에 대한 끊임없는 대화로 바라보는 관점을 거부해왔다는 점을 알 수 있다. 현재의 정치사상사가들은 정치사상에 있어 탐구해야 할 위대한 고전적 인물이 있다는 생각도 받아들이지 않는다. 예전에는 복원할 만한 가치가 없다고 여겨졌던 사람들의 견해들도 '고전' 텍스트를 새롭게 바라볼 수 있게 할 뿐만 아니라 역사가들이 과거를 의미 있는 것으로 만들기 위해 재구성하고자 하는 현대 정치 담론 형성에 기여하고 있다는 점에서 그 가치를 인정받고 있다.

아리스토텔레스, 토머스 홉스, 장자크 루소 등 유럽 정치 이론의 역사를 이끈 주요한 인물들은 전 세계 대학들에서 연구되고 있지만, 역사에 대한 고려 없이 연구되고 있는 경우가 많다. 정치사상사의 주요 인물에 대해 배우는 가장 일반적인 방법은 원전을 읽는 것일텐데, 그마저도 전체 책의 일부분을 읽는 형식인 경우가 많다. 이를테면, 철학과 학생 중 수업에서 홉스의 『리바이어던』의 3부와 4부[9]를 읽어와야 했던 학생은 소수에 불과할 것이다. 유령과 악령(ghoul)을 언급하며 홉스가 상상의 공포에 대해 논하는 부분을 꼭 읽어볼 필요가 있는데도 말이다. 경제학을 가르치는 강사 중에서도 아담 스미스의 『국부론』에서 역사, 시민적 통치, 과세제도, 국방을 다루고 있는 3, 4, 5편[10]을 읽으라고 하는 강사는 별로 없다. 스미스의 저작을 정치사상사가의 관점으로 분석하게 되면 경제학의 창시자라는 기존의 이미지와 상반되는 새로운 저자를 발견할 수 있게 된다. 이상적으로는, 스미스에 대한 역사적 이해를 통해 완전히 새로운 경제학이 등장하게 될 수도 있을 것이다.

정치사상사에서 무엇이 중요한가?

교수 학습의 관점에서 생각한다면, 정치사상사가 기존의 학문 분과들 사이에 어떻게 자리잡을 수 있을지에 대한 또다른 궁금증들이 생긴다. 정치사상사를 함께 다룬다고 추정되는 수많은 강의들에 아직은 정치사상사가 충분히 스며들고 있지 못하다는 점에서 말이다. 플라톤과 아리스토텔레스부터 초기 근대의 거장들, 그리고 임마누엘 칸트, 게오르크 빌헬름 프리드리히 헤겔, 카를 마르크스, 존 스튜어트 밀, 더 나아가 한나 아렌트와 존 롤스에 이르는 서양의 주요한 인물들의 저작들은 전통적으로 정전(正典)이라 여겨져왔다. 이들만 하더라도 대학 수준의 철학과, 정치학과, 역사학과 등에서 잘 다뤄지고 있다. 그들의 저작들도 소위 'Plato to Nato 수업'[1] ─ 요즘은 수렵채집 시기의 토테미즘에서 트럼프로 옮겨가는 추세이지만 ─ 이라고 불리는 사상의 역사를 다루는 수업들, 공민학 수업(civics class), 혹은 문명사와 위대한 사상가들을 다루는 일반 교양 강좌들에서 다뤄지고 있다. 하지만 강사가 정전(正典) 이외의 영역을 다루기 시작하면 문제가 발생한다. 주로 제기되는 문제로는 '비주류 기준의 변동(the 'minor' figure changing)' 문제가 있는데, 다음과 같은 형태로 설명될 수 있다. 동시대인들로부터 18세기의 가장 위대한 철학자로 간주되었던 프랜시스 허치슨(Francis Hutcheson)은 정말로 위대한 철학자 및 사상가의 목록에 포함되어도 될까? 당대에는 완전히 묻혀 있었지만 마르크스가 남긴 긍정적인 평가 덕에 지금은 사회주의 역사에서 중대한 인물로 여겨지고 있는 샤를 푸리에(Charles Fourier)는 어떤가? 어떤 인물이 철학, 문학, 국제 관계, 정치 이론 등의 학문의 역사에서 중요한 인물일까? 어떤 인물이 들어가야 하고, 어떤 인물이 빠져야 하는가?

여러 국가의 다양한 역사를 모두 고려하려고 하면 문제는 더욱 복잡해진다. 지금은 러시아의 칼리닌그라드(Kaliningrad)가 된 당시 프러시아의 쾨니히스베르크(Königsberg)라는 도시에서 거의 일평생을 보낸 칸트는 프러시아, 독일, 폴란드, 러시아 중 어느 나라의 철학자인가, 자유주의의 창시자인가 아니면 프랑스 혁명의 국제적 지지자인가, 아니면 모든 형태의 민족주의에 대한 반대자인가, 아니면 인종차별적인 인류학자인가? 역사를 제대로 고려하지 않는 개론 수업에서는 이미 이 세상에 없는 철학자들에게 무의미한 질문만 던지며 정치사상사를 제대로 가르치지 못하고 있다. 칸트의 경우를 보자면, 이언 헌터(Ian Hunter)와 같은 학자들이 칸트의 연구를 일종의 철학적 종교로 간주했던 당대의 평가를 복원한 바 있다. 당시 칸트의 사상은 루터의 형이상학에 의해 형성된 철학적 종교이자 성서—기독교적(bilical—ecclesiastical) 종교와 직접적으로 경쟁하는 것으로 받아들여지고 있었다. 칸트 철학에 대한 정교화 작업과 수용을 가능하게 하는 이러한 신학적 맥락이 복원되면서, 칸트의 도덕률은 이성의 명령에서 생활양식에 대한 선택의 문제로 변환되었으며, 뿐만 아니라 칸트의 법률과 정치에 대한 문제가 정치사상사라는 경계를 넘어 교회사와 형이상학의 역사의 영역에서도 다뤄지게 됐다.

세심한 독자라면 정치사상사에 관한 두 가지 특징을 이미 포착했을 것이다. 첫번째는 전통적으로 연구되어온 고전적 텍스트가 남성에 의해 쓰인 것인 경우가 많다는 점이다. 정치사상사는 늘 그 어떤 것보다도 남성적인 주제로 여겨져 왔는데, 많은 수의 여성 정치사상사가들이 탁월한 성취를 보여주었음에도 불구하고 이러한 인식은 여전히 지속되고 있다. 17세기 중반부터 프랑스혁명까지의 시기만을 따로 떼어 보더라도, 캐롤린 로빈스(Caroline Robbins)의 『18세기 영연방인*The Eighteenth—Century Commonwealthman*』(1959)이 정치사상사 분야의 변혁을 불러왔고, 내널 코헤인(Nannerl Keohane)의 『프랑스 철학과 국가*Philosophy and the State in France*』(1980)는 권위 있는 책으로 여겨지고 있으며, 1970년대와 1980년대 초에 걸쳐 이루어진 토머스 로버트 맬서스(Thomas Robert Malthus)에 대한 패트리샤 제임스(Patricia James)의 연구는 타의 추종을 불허한다. 최근에는 피아메타 팔라디니(Fiammetta Palladini), 수잔 제임스(Susan James), 마리아—로사 안토그나짜(Maria—Rosa Antognazza)의 연구가 홉스, 푸펜도르프, 스피노자, 라이프니츠의 사상에서의 철학과 정치학의 관계에 대한 기존의 지식에 큰 전환을 불러오기도 했다.

어떤 주제와 어떤 시기를 제시하든 비슷한 목록을 제시할 수 있을뿐더러, 더 많은 여성 정치 이론가들에 대한 연구도 이루어지고 있다. 18세기 말까지의 유럽 사상가로는 신플라톤주의자였던 히파티아(Hipatia, 360-415 CE), 크리스틴 드 피장(Christine de Pizan, 1364-1430), 메리 아스텔(Mary Astell, 1666-1731), 에밀리 드 샤틀레(Émilie du Châtelet, 1706-1749), 캐서린 맥컬리(Catharine Macaulay, 1731-1791), 올랭프 드 구주(Olympe de Gouges, 1748-1793), 메리 울스톤크래프트(Mary Wollstonecraft, 1759-1797) 등이 있겠다. 그런 와중에, 『케임브리지 정치사상사Cambridge History of Political Thought』 시리즈 중 『20세기 정치사상』의 색인에 한나 아렌트(Hannah Arendt)가 빠져 있는 것은 놀라운 일이다.[12] 그렇긴 해도, 아렌트는 점점 더 많은 박사 학위 논문의 주제가 되고 있으며 현재 그 어떤 20세기 사상가보다도 훨씬 많은 학문적 관심을 받고 있다.

물론 현실 정치 자체에 대해서도 비슷한 지적이 있을 수 있다. 마리아 테레지아(Maria Theresa)가 합스부르크 군주국의 유일한 여성 통치자가 되어, 오스트리아의 여(女)대공이자 헝가리와 크로아티아의 여왕이 되었을 때, 지켜보던 사람들은 여왕은 이제 더이상 여성이 아니라 남성이 된 셈이라고 이야기했다. 심지어 현대 군주국들 중에도 직접 통치하는 국왕은 남성이어야 한다고 헌법에 규정된 경우가 많다. 선대 네덜

6. 피에르 에티엔 르쉬외르(Pierre-Étienne Lesueur), 여성들로 이루어진 애국 단체
   (1792~1794)

란드 여왕 베아트릭스의 부군 호칭이 클라우스 공이었듯, 여성이 왕이 되는 경우 그 남편은 왕의 칭호가 아닌 '공(prince)' 이라는 칭호를 받는다.[13] 반면, 현재 네덜란드의 국왕인 빌럼 알렉산더르 왕의 부인은 막시마 왕비(queen)라는 칭호를 받았고, 영국의 에드워드 6세의 부인도 이름 뒤에 숫자는 없었지만 엘리자베스 왕비(queen)라고 불렸다. 대다수의 현대인들은 군주가 없는 공화국에 살고 있기에 이게 뭐 그리 큰 대수냐고 생각할지도 모른다. 하지만 공화국에도 영부인(First Lady)에 대응하는 남성 호칭이 존재하지 않는 것은 마찬가지다. 미국의 미셸 오바마나 멜리니아 트럼프, 프랑스의 브리짓 마크롱에 대해서는 모두가 알고 있지만, 오랜 기간 독일을 이끌었던 앙겔라 메르켈 총리의 남편의 이름이 무엇인지 대답할 수 있는 사람은 별로 없을 것이다.

정치사상사에 관한 두번째 특징은 전통적인 정치사상사 문헌과 해당 문헌에 등장하는 주요 인물들이 많은 경우 유럽을 무대로 하고 있다는 점이다. 미국 건국의 아버지라 불리는 토머스 제퍼슨(Thomas Jefferson)과 제임스 매디슨(James Madison) 같은 미국 출신 인물들이 가끔 추가되는 정도이다. 왜 그런 걸까? 일반적인 정치사상사 연구에서 왜 공자나 카우틸랴(Kautilya, 375-283 BCE)[14] — 산스크리트어 저작『강국론Arthashastra』[15]의 저자이자 마우리아 왕조를 다스렸던 찬드

라굽타 황제의 수석 고문 ─ 가 주목받지 못하는 걸까? 아니면 1332년 튀니스에서 태어난 학자로, 이슬람 국가의 행복을 다룬 책이자 『역사 서설*Prolegomena*』이라 불리기도 하는 『무카디마*Muqaddimah*』를 집필한 아랍 학자 이븐 할둔(Ibn Khaldun)은 왜 연구 대상에 포함되지 않는가?

서구 남성들이 저술한 정전(正典)들이 연구의 시금석으로 여겨져왔으며 여전히 정치사상사 연구에서 주를 이루고 있으나, 그에 대한 도전도 존재한다. 학문으로서의 정치사상사는 그리스 로마 시대에 지중해를 중심으로 탄생하고 이후 중세와 근대 유럽 대륙에서 논의되어 온 정치에 관한 사상들을 다루고 있다는 점에서 '유럽중심적'이다. 이러한 사상들은 유럽인들의 식민 지배를 통해 아메리카에서 받아들여졌으며, 군사적으로 대적할 수 없을 정도로 서구의 힘이 막강해지면서 전 세계로 퍼져나갔다. 하지만 정치사상의 비서구권 전통에 관한 연구가 전례없이 늘어나고 상대적으로 소외되어 있던 동유럽 정치사상에 대한 연구 역시 늘어나면서 유럽중심주의에 대한 의문이 제기되고 또 교정되고 있다. 글로벌한 사회·정치사상이라 불리는 것과 지구사(global history)[16]를 함께 고려하는 것이 필요하다는 요구 역시 존재한다. 정치사상에서 '지구적(global)'이라는 것이 무엇인지, 왜 그것이 좋은 것으로 여겨지는지, 유럽중심주의에 얼마만큼 균열을 낼 수 있을지에 대한 문제는 이 책 뒷부분에서 다룰 예정이다. 어쨌든 유럽 정치사상의 역사는 그것이 전 지구적으로 끼친 영향을 생각하더라도 여전히 연구할 만한 가치가 있다. 또한 유럽 정치사상 내부의 다양성, 혼합체로서의 성격, 그리고 지구의 다른 지역에 대한 역사적 의존도를 생각했을 때, 유럽 정치사상이라는 것을 너무 엄격하게 정의해서도 안 된다.

우리는 서양 너머의 세계에서 계속해서 많은 것을 배우고 있다. 카우틸랴가 주장한 신성한 군주제(sacred monarchy)에 대한 사상만 하더라도, 현재 인도에서는 그 흔적을 찾아볼 수 없지만 교황의 지위와도 밀접한 연관이 있으며, 일본, 영국, 태국, 요르단, 북한 등의 나라에서 여전히 번성하고 있다. 비국가적 정치 형태에 관심을 갖는 것 역시 필연적으로 유럽적인 틀을 벗어나게끔 한다. 최근 주요하게 부상한 지속가능하면서도 자연과 가까운 자연스러운 삶에 대한 관심 역시 마찬가지 역할을 한다. 지구의 다양한 지역을 야만적 지역, 미개한 지역, 일부 문명화된 지역, 문명화된 지역으로 분류해놓은 우드브리지(W. C. Woodbridges)의 1827년 책 『세계에 대한 도덕적, 정치적 도표Moral and Political Chart of the World』은 과거의 유물이 된 지 오래다.

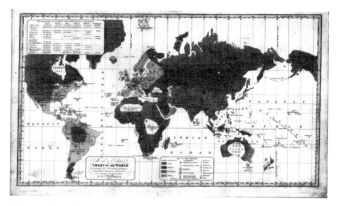

7. W. C. 우드브리지(W. C. Woodbridge), 〈사람이 거주하는 세계에 대한 도덕적, 정
   치적 도표―각 국가의 지배적인 종교, 정부 형태, 문명 수준, 인구가 표기되어 있음
   Moral and Political Chart of the Inhabited World―Exhibiting the Prevailing Religion,
   form of Government, Degree of Civilization, and Population of Each Country〉(1827)

정치사상사 발굴하기

이 책을 계획할 때부터 나는 세계 각국 다양한 사람들에게 어떻게 정치사상사에 관심을 갖게 되었는지 물었다. 홉스, 로크, 몽테스키외, 루소, 버크, 칸트, 헤르더, 헤겔, 베버, 마이네케, 이사야 벌린, 레오 스트라우스, 그리고 미셸 푸코 등을 망라하는 유럽 정치사상의 정전(正典)들을 연구 대상으로 하는 인문학 혹은 사회과학 강의를 들으며 관심을 갖게 됐다는 대답이 많았다. 적당한 교과서가 따로 없었다는 답도 많았다. 일부 학생들은 조지 세이빈(George Sabine)의 『정치이론의 역사 *A History of Political Theory*』(1937)[17], 아서 O. 러브조이(Arthur O. Lovejoy)의 『존재의 대연쇄 *The Great Chain of Being*』[18](1936), 칼 포퍼(Karl Popper)의 『열린 사회와 그 적들 *The Open Society and its Enemies*』(1945), 레오 스트라우스(Leo Strauss)의 『정치철학사 *History of Political Philosophy*』(1963), 그리고 가장 최근에 나온 책인 퀜틴 스키너(Quentin Skinner)의 『근대 정치사상의 토대 *The Foundations of Modern Political Thought*』(1978)[19] 등을 읽었다고 했다.

정치사상사에서 계속해서 주목받고 있는 주제 중 하나는 계몽주의가 20세기 그리고 21세기에 남긴 유산에 대한 것이다. 이는 자연스레 계몽주의가 '서구적인 것'과 서구의 정치를 결정짓는 요소라고 볼 수 있는지에 대한 질문으로 이어졌다. 많은 학생들은 막스 호르크하이머(Max Horkheimer)와 테오도어 W. 아도르노(Theodor W. Adorno)가 쓴 『계몽의 변증법 *Dialektik der Aufklärung*』(1947)의 번역본을 읽으며 많은 영감을 받았다. 해외에서 수학한 훌륭한 강사들 덕분이었는데, 그들 중에는 연구중인 텍스트를 직접 번역한 학자들도 있었고, 자신이 속한 사회를 이해하기 위해서는 러시아에서의 스탈린의 승리와 중국에서의 마오의 승리, 더 넓게는 사회주의와 공산주의의 지적 기원과 관련한 지식이 반드시 필요하다고 봤던 학자들도 있었다.

대부분의 국가에서 수많은 학생들은 레이몽 아롱이나 이사야 벌린 같은 자유주의 철학자들을 통해 정치사상사를 접했다. 지성사를 연구하는 역사학자 존 W. 버로우(John. W. Burrow)는 1950년대 초에 존 네빌 피기스(John Neville Figgis)의 책 『제르송부터 그로티우스까지 *From Gerson to Grotius*』(1916)를 읽으며 정치사상사라는 주제를 발견했다고 회상한다. 버로우가 '자유와 그것의 배반'을 주제로 한 이사야 벌린의 라디오 강연[20]을 들었던 것도 그 즈음인데, 한 자라도 놓칠세라 바닥에 앉아 내용을 메모했다고 한다. 많은 독자들, 청자들은 소련의 공산주의를 마땅히 두려워해야 한다는 벌린의 주장이 매우 설득력 있다고 느꼈다. 서구 자유 진영 국가들만큼이나 공격적이었던 소련의 대외 정책이 자본주의에 대한 공산주의의 경제적, 군사적 승리의 필연성을 주장하는 강력한 목적론적 역사관에 의해 지지되고 있기 때문이었다.

레오 스트라우스 역시 『폭정에 관하여*On Tyranny*』(1948)와 『박해와 저술기법*Persecution and the Art of Writing*』(1952)을 출판한 이후 명망 있는 학자가 되었다. 그리고 아이러니하게도 스트라우스는 미국에서뿐만 아니라 공산주의 중국에서도 컬트적인 인기를 누렸다. 그 이유 중 하나는 중국의 성리학자들이 충분히 재능 있고 저명한 학자들이 해독해주기를 기다리고 있는 경전들의 숨겨진 메시지를 찾아내는 것을 즐겼기 때문이다. 뒷부분에서 좀더 설명하겠지만, 이는 스트라우스가 주요 철학 텍스트들에 숨겨진 비의적(秘儀的, esoteric) 글쓰기를 찾아내고자 했던 방식과 같다. 요약하자면, 스트라우스 본인은 몰랐겠지만, 중국에서 그는 성리학자로 소개되어도 무방하다.

세계 각국에서 정치사상사 연구에 몰두하던 사람들은 끝내 존 포콕(John Pocock)의 연구를 찾아냈다. 포콕은 뉴질랜드에서 성장기를 보냈다는 점에서 흥미로운 인물이다. 포콕은 다른 이들과 마찬가지로 세이빈의 요약서를 통해 정치사상사에 입문했다. 나중에는 세이빈의 어떤 연구도 정치사상사에 대한 연구는 아니라고 주장하긴 했지만 말이다. 20대 초반이었던 포콕은 캔터베리대학교에서 이후 『열린 사회와 그 적들』로 발전할 내용을 담은 칼 포퍼의 강의를 들었다. 포퍼는 강연에서 '역사주의(historicism)'라 불리는 특징을 가진 철학을 콕 집어 비판했다. 포퍼가 역사주의라는 표현을 통해 비판하고자 했던 것은 역사를 그 어떤 이견도 존재하지 않는 고정된 진보의 법칙들로 환원하려는 시도였으며, 그는 그러한 역사주의가 논박 불가능성을 통해 결국 폭정으로 이어진다는 것을 정확히 통찰했다.

제2차세계대전이 냉전으로 변모해가던 시점에, 포콕이 밝혀내기도 했듯, 포퍼는 서구의 동맹국들이, 최소한 원칙적으로라도 소련에 맞서 전쟁을 선포해야만 한다고 발표하려고 했다. 포콕은 그 시점에 포퍼가 일체의 역사적 정당화도 없이 현재의 문제들을 과거에 대입해 읽어내고 과거의 저자들이 택했던 입장을 현재의 관점에서 재단하는 등 예기적 해석(prolepsis)을 하는 실수를 저지르기 시작했다고 보았다. 포퍼는 헤겔을 비판하기 위해 플라톤을 비판했고, 히틀러와 스탈린을 비판하기 위해 헤겔을 비판했으며, 절대 폭정으로 이어지지 않을 법한 사상을 펼친 소위 '안전한' 자유주의 사상가들의 목록을 구축했다. 포콕은 포퍼가 역사에 대해 개념적으로는 옳은 주장을 했을지도 모르나, 역사를 내러티브처럼 구성했다는 점에서는 완전히 틀렸다고 주장했다. 포콕은 역사적 현실과는 전혀 무관한 과거의 정치사상 텍스트를 가지고 언어 게임을 할 수 있다는 사실을 깨달았다. 퀜틴 스키너도 비슷한 시점에 그것을 깨달았다. 포콕은 자신이 언어 게임을 하고 있음을 스스로 자각하고서 역사에 대한 논의를 삼가기만 한다면, 유효한 철학적 기획이 될 수도 있다고 보았다. 하지만 그렇게 되면 포콕이 '역사 게임(the history game)'이라고 불렀던 것으로 이끌려 들어갈 가능성이 생긴다. 포콕과 스키너 모두 정치를 가지고 게임을 하기 이전에 역사를 제대로 이해하기를 선호했다.

　제2차세계대전 직후 만연해 있던 정치사상사에 대한 오래된 접근법으로 되돌아갈 일은 없을 거라는 점을 인식하는 것이 중요하다. 그때만 하더라도, 세상을 개선시키는 일은 — 예를 들면 시스몽디나 토크빌의 책을 읽거나 혹은 플라톤, 헤겔, 마르크스의 책을 읽지 않음으로써 — 친구, 학생들, 동료, 동류 집단의 사람들에게 책을 건네고 그들과 함께 책 내용에 대해 이야기하는 것만큼이나 간단하다고 여겨졌다. 인류사에 있어 여러 최악의 경험들을 겪은 후에도, 그런 순진한 태도는 흔하게 발견됐다. 사람들은 전쟁을 원하지 않았다. 사람들이 원래부터 이기적인 것은 아니다. 사람들은 사회적 계급이나 국경을 넘어 모두를 위한 일반적 선을 추구하기를 원했다. 사람들은 합리적으로 행동할 수 있었으며, 이성에 의해 행위를 결정할 수 있었다. 이와 달리 행동주의 사회과학, 특히 경제학의 관점에서는, 인간 본성은 줄곧 이기적이며 이익을 최대화하고자 하므로 과거를 반추하는 것은 의미 없는 행동이었다. 학문의 역할은 이기심이 공동선을 해하는 경우를 대비하여 특정 행동을 제한하는 것이 되었다.

지금 우리는 완전히 다른 시대에 살고 있다. 어떤 형태의 국가에서는 정치사상사에 대한 관심 여부가 기본적으로 현재 위기를 겪고 있다고 보는지 아니면 위기가 목전에 있다고 보는지에 달려 있다. 많은 형태의 국가에서는, 사람들이 무엇을 읽을 수 있고 얼마나 스스로 생각할 수 있는지에 따라 정치사상사에 대한 태도가 달라진다. 서양에서는 이제 보편적인 이성적 가치를 설파하는 신칸트주의자들의 주장도, 합리적인 효용 극대화주의자(rational utility maximizer)로 묘사되는 행동주의 경제학의 인간상도 더이상 설득력을 갖지 못한다. 정치사상사 연구 역시도 계속해서 변모하고 있으며, 이제는 이전에 없던 공격도 받는다. 정치사상사 연구가 위기의 순간을 직면하고 있다는 증거들이 있으며, 이 내용은 이 책의 마지막 장에서 다룰 예정이다. 전 지구적으로 민족주의적 정치 서사나 조작된 정치적 합의, 소셜 미디어가 주도하는 도덕성 회복 운동(moral crusade) 등을 직간접적으로 비판하는 역사 연구에 대한 눈에 띄는 반감이 존재한다. 마케팅이 정치와 사회 생활 전반을 지배하고 있으며, 정확한 역사는 프로파간다의 적으로 여겨진다. 정치인들은 과거의 정치에 대한 성찰이 부족할뿐더러 그에 대해 잘 알지도 못한다.

소셜 미디어 세상 속에 살고 있는 사람들(denizen)도 마찬가지다. 대의 민주주의 국가의 유권자들은 희망을 얘기하는 단순한 메시지나 즉각적인 만족을 주겠다는 낙관적인 약속에 투표하는 경향이 있다는 점을 봤을 때 그렇다. 경제 성장과 진보가 반드시 이루어질 것이라는 일반적인 내러티브 역시 문제적인데, 그로 인해 많은 사람들은 과거를 현재에 비해 열등한 것으로 여기게 되고, 현재를 사는 우리에게 과거는 큰 의미가 없다고 생각하게 된다. 이 책을 통해 우리 시대의 주된 접근법을 알아보고자 하는 일반 독자들과 학생들에게 그러한 접근법의 기원이 어디인지, 어떻게 비판받아왔는지 그리고 무엇보다도 '그것이 왜 중요한지'를 이해할 수 있는 하나의 안내서를 제공하고자 한다.

제 3 장

정치사상사와
마르크스주의

마르크스주의는 20세기에 가장 글로벌한 철학이자, 가장 야심만만한 철학이자, 적어도 그 추종자들에게 있어서 만큼은 가장 과학적인 철학이 되었다. 마르크스주의를 이해하기 위해서는, 칼 마르크스(Karl Marx)라는 인물을 들여다보아야 한다. 마르크스는 프로이센의 트리어 출신의 망명자로, 혁명을 찬동하는 저술 활동으로 인해 당국의 탄압을 받으며 쾰른과 파리, 브뤼셀 등을 옮겨다니다 1849년 런던에 정착했다. 널리 알려졌듯, 마르크스는 대영박물관 열람실에서 후에 역사적 유물론에 기여하게 될 여러 저술을 썼다. 1883년 사망 전까지 마르크스가 남긴 여러 연구와 마르크스의 가장 가까운 친구이자, 후원자, 공동 연구자이자, 자본가였던 프리드리히 엥겔스(Friedrich Engels) ― 마르크스는 엥겔스의 책『잉글랜드 노동 계급의 상황*The Condition of the Working Class in England*』(1844)을 보고 엥겔스에게 주목하게 되었다 ― 의 연구는 완전히 새로운 철학을 통해 혁명을 정당화했다. 그들이 제시한 새로운 철학은 유럽사에 대한 이해로부터 출발했으며, 유럽사 전반에 깔린 사상은 실패하였고, 아마도 폭력에 의해 교체되어야만 한다는 결론을 도출했다. 마르크스와 엥겔스가 스스로 무엇을 하고 있다고 생각했는지를 이해하기 위해서는, 당시 지구상에서 군사적으로 가장 강력한 국가들이 포진해 있는 유럽 대륙의 실패를 바라보는 그들의 관점을 재구조화하는 작업이 필요하다.

마르크스와 엥겔스는 18세기 말까지 계속됐던 상업의 발전이 유럽 국가들을 역사상 그 어떤 국가들보다도 강력하게 만들었으며, 미래에 거둬들일 세수입에 대한 약속을 기반으로 막대한 자금을 빌릴 수 있도록 하는 근대적인 공적 신용 제도 역시 큰 몫을 했다는 사실을 인정했다. 그렇게 마련한 자금을 통해 전쟁을 위해 필요한 방대한 육군과 해군이 유지될 수 있었으며, 점차 정교해지는 군사 기술의 발전도 그를 뒷받침했다. 하지만 마르크스와 엥겔스는 상업이 전 지구의 국가들을 무역으로 서로 연결하여 국가 간 평화와 우호적 관계를 불러왔다는 주장에는 동의하지 않았다. 그들이 보기에 유럽 국가들은 오히려 제국이 되기 위해, 즉 유럽 안팎의 작은 국가들의 시장을 장악하기 위해 어느 때보다도 무역에 열을 올리고 있었다.

마르크스는 애덤 스미스를 무척 존경했다. 추정적인 면이 있는 역사 분석을 정치, 도덕, 경제에 대한 역사에 각기 적용한 『국부론*Wealth of Nations*』(1776)의 분석적인 면을 좋아했기 때문이었다. 그러나 무엇보다도 마르크스의 관심을 끈 것은 스미스가 영국 제국을 '중상주의(mercantile system)'라 비판하며 영국 사회의 실제 매커니즘을 폭로한 부분이었다. 중상주의는 스미스가 만들어낸 용어로, 모두를 위해서가 아니라 오직 자신의 이익을 위해 법률안을 통과시키는 정치인들과 돈 많은 상인들 간의 유착 관계로부터 탄생한 정치경제적 체제를 뜻한다. 마르크스가 이와 관련해 펼친 주장은 이때까지만 하더라도 중상주의가 지배할 가능성 자체를 지구상에서 없애려는 또 하나의 시도에 불과했다. 그 내용을 이해하기 위해서는 스미스와 동시대를 살았던 사람들의 이야기와 프랑스 혁명과 그 이후 발생했던 사건들을 살펴볼 필요가 있다.

스미스는 같은 시대를 살았던 몽테스키외, 프랑수아 케네(François Quesnay), 데이비드 흄, 안로베르자크 튀르고(Anne-Robert-Jacques Turgot), 루소와 마찬가지로, 미래가 어떤 모습일지를 이해하고, 맞닥뜨리게 될 여러 위험들 — 로마의 몰락이 반복된다거나 종교적 극단주의에 다시 불이 붙는 등 ― 을 미연에 방지하기 위해서는 역사의 모든 단계의 사회들에 대한 연구가 필수적이라고 믿었다. 그들은 모두 상업으로 인해 유럽이 과거의 어떤 사회와도 다른 모습을 갖게 되었다고 확신했다. 그와 동시에 유럽이 처한 곤경을 제대로 이해하고, 상업을 좀더 평화롭게 만들고, 제국을 향한 탐욕과 사치품 소비에 대한 중독을 종식시키기 위해서는 지금 우리가 지구적 관점의 역사와 사상이라 칭하는 것들이 반드시 필요하다는 확신이 있었다. 종교 전쟁의 재발을 막기 위해서는 전 세계 다양한 신학에 대한 지식을 갖춰야 하는 법이니 말이다. 이는 몽테스키외의 『어느 페르시아인의 편지*Lettres persanes*』[1]의 주제이기도 한데, 몽테스키외는 '타자'의 시선으로 유럽인의 습성을 드러내 보이기 위해 유럽 대륙을 여행하는 무슬림을 주인공으로 택했다. 당대의 학자들은 이와 더불어 상업과 제국을 제대로 이해하기 위해서는, 티레(Tyre), 카르타고, 라구사(Ragusa), 제노바(Genoa)부터 베네치아에 이르는 과거의 거대한 무역 도시들과 아케메네스제국부터 무굴제국, 오스만제국에 이르는 과거의 제국들에 대한 연구가 필요하다는 생각에도 동의했다. 당대의 유럽 법률가들은 그중에서도 전쟁과 분열을 오랫동안 피해왔던 안정적 국가의 모델인 중국에 매료되어 있었다. 달성불가능한 것으로 여겨지기도 했던 그들의 궁극적인 목적은 인류 전체의 선에 부합하면서도, '인류의 편에 있는 사람들'에 의해 이상적으로 수립되는 정책을 만들 어내는 것이었다.

18세기 유럽 전체의 철학자와 법률가가 모두 공감하는 의 견이 있었다고 한다면, 그것은 바로 영국이 살아남기 어려울 것이라는 전망이었다. 그 당시만 해도 영국은 가장 앞서나가 는 상업 국가였다. 직전 세기에 종교 갈등에서 기인한 내전을 겪긴 했지만, 몽테스키외에 의해 역사상 가장 자유로운 국가 로 인정받기도 했다. 몽테스키외는 영향력 있는 걸작 『법의 정신De l'esprit des lois』(1748)에서 영국을 군주제 형태 아래 숨겨 진 공화국이라 칭했다. 몽테스키외는 이를 통해 조지 시대[2] 영국 군주의 권력이 하원과 상원에 의해 제한되어 있다는 점 을 지적하고자 했다. 국가 재정을 대표자들이 통제한다는 것 은 공화주의적인 관념이다. 이런 면에서 영국은 군주제, 귀족 제, 민주제가 모두 섞인 혼합정이었다. 동시에 영국은 역사상 가장 부채가 많은 국가이기도 했으며, 여러 위기를 겪으며 정 치 상황도 좋지 않았다. 7년 전쟁(1757-1763) 이후에는 영국 이 무너지리라 생각하는 사람들도 많았다. 영국이 프랑스, 스 페인, 네덜란드 공화국의 지원을 받은 북아메리카의 식민지 주민들과의 전투에서 패배했을 때, 영국이 쇠퇴하고 있다는 오랜 의견이 사실로 확정되는 듯 보였다. 1780년대 말에는 파산 직전의 왕이 분열된 사회를 통치하고 있는 상황이었기에, 대부분의 논평가들이 프랑스가 아니라 영국에서 혁명이 일어날 거라고 예측할 만도 했다.

1789년 파리에서 시작된 혁명은 정치사상사에서 가장 중요한 사건으로 여겨진다. 마르크스도 프랑스혁명의 과정을 성찰하며 자신만의 급진적인 정치적 전술을 처음으로 고안했다. 마르크스는 프랑스혁명과 그 과정이 정치 분석의 시금석이 될 것이며, 사회주의와 공산주의 공동체 안에서 인류를 더 높은 삶의 단계로 이끌 수 있는 비결이 되리라고 확신했다. 마르크스가 왜 그러한 결론 — 마르크스의 결론은 20세기의 전 세계 사람들에게 가장 큰 영향을 준 것이었다 — 에 도달하게 되었는지를 이해하려면, 프랑스에서의 일련의 사건들이 어떻게 당대의 사람들을 경악시켰으며 정치에 대한 그들의 인식을 어떻게 바꿔놨는지를 자세히 들여다볼 필요가 있다. 에드먼드 버크가 파리에서 벌어진 주요 사건에 대한 비판적인 시각을 담은 『프랑스혁명에 관한 성찰*Reflections on the Revolution in France*』을 1790년 11월에 출판했을 때, 버크는 혁명이 결국 실패할 것이라 확신했다. 버크는 군주제, 귀족제, 교회 등 한 사회가 의존하고 있는 제도를 폐기해버린 국가는 점점 더 과격해지다 스스로 붕괴하게 될 것이라고 주장했다. 실제로 혁명이 불안정한 단계에 접어들면서, 많은 사람들이 버크를 예언자로 생각했다. 하지만 버크 스스로는 자신이 틀렸다고 생각했다. 실제로 1790년대에 들어서면서 프랑스는 쇠퇴하기는커녕 오히려 그 어느 때보다 강한 국가가 되었기 때문이다.

버크는 낙담한 채로 1797년에 사망했다. 역사가 증명한 정치의 법칙이라 믿었던 것에 위배되는 새로운 국가가 탄생했기 때문이었다. 프랑스는 안정적인 제도를 갖추지도 못했고, 영국의 경제적 곤경이 상대적으로 장밋빛으로 보일 정도로 경제적으로도 상황이 좋지 못했는데도, 신성 로마 제국의 카를 5세가 부러워할 정도로 다수가 지지하는 거대한 공화주의 제국을 세웠다. 버크는 이러한 새로운 세계가 자유를 위해서 목숨까지 바치겠다는 광신주의적 이데올로기 정치에 의해 탄생했다는 사실에 공포를 느꼈다. 자유는 생명보다도 더 중요한 것이 된 것처럼 보였다. 버크의 눈에는 사람들이 통치자에게 등을 돌리는 순간 다가오는 끝없는 혼란과 전쟁이 보였다. 버크는 생의 말년에 이 문제에 대한 해답을 영국과 프랑스 공화국의 죽음을 불사한 전쟁에서 찾았다는 점을 알아둘 필요가 있다. 다시 말해, 버크는 모든 사람들의 보편적 권리와 모든 인류의 정의를 위해 투쟁하고 있다고 믿는 공화주의적인 세계시민주의자들에 대항해 맞서 싸울 수 있는 애국주의적이고 민족주의적인 이데올로기가 만들어져야 한다고 봤다.

　프랑스가 더이상 공화국으로 남지 못하고 한 명의 주권자가 통치하는 제국이 되었을 때, 정치와 역사에 관심을 두고 있던 많은 사람들은 안심했다. 오랜 기간 정치 논리에 들어맞지 않았던 프랑스 공화국이, 나폴레옹 보나파르트라는 강력한 독재자를 환영하는 시민들이 살고 있는 여느 일반적인 국가가 되면서 다시 한번 설명 가능한 길로 들어섰기 때문이었다. 가장 영향력 있는 혁명 이론가이자 구체제 귀족들의 통치로부터 야기되는 부당함을 소리 높여 비난했던 시에예스(Sieyès)는 보나파르트에 의해 백작으로 임명되고 막대한 토지를 하사받았다. 시에예스는 정치에 대해 쓰는 것을 그만두었으며, 자신의 철학을 배반했다. 토머스 페인(Thomas Paine)이나 메리 울스톤크래프트(Mary Wollstonecraft) 같은 다른 급진적인 공화주의자들은 프랑스혁명의 전개 과정을 실망스러운 눈으로 지켜보고 있었다. 울스톤크래프트는 1790년대에만 하더라도 버크의 정치를 혐오했으나, 1797년에 딸 메리 셸리를 출산하다 사망할 때쯤에는 어느 국가에나 만연해 있다고 확신한 억압의 형태에 대해서는 냉소적이 되었다.

　1809년까지 살았던 페인은 프랑스혁명을 망쳐놓은 공포(Terror)가 미국에까지 확산되고 있다고 점차 확신하게 되었다. 페인이 당초에 꿈꿨던 것은 프랑스와 미국이 평화와 조화 속에 유지되는 자매 공화국이 되는 것이었다. 하지만 1800년대 초, 페인은 친구였던 토머스 제퍼슨 대통령에게 파산한 프랑스로부터 루이지애나주를 사들이라고 조언했다. 페인은 미국도 다른 나라만큼 더 커지고 더 강력해져서, 전쟁에서 스스로를 방어할 수 있을 정도의 상업적 수입을 거둬들일 필요가 있다고 생각했다. 건국의 아버지들은 유럽과는 차별화된 정치체를 꿈꿨지만, 페인은 유럽과 같은 국가 형태를 갖춰야 한다고 본 것이다. 정치사상의 관점에서 바라보자면 이는 19세기 초에 도래할 미래에 관한 우울한 진실이 탄생되었다는 것을 의미한다. 프랑스 공화국과 그것이 실현하고자 했던 약속, 즉 자연적 권리를 실현함으로써 세상을 좀더 정의롭고 평등하게 만들겠다는 약속은 모두 실패했다. 좋게 보자면 자유와 중용이 존재하는 자유주의적 전형을 보여주는 국가이지만, 나쁘게 보자면 전쟁과 제국에 중독된 정치체라고도 할 수 있는 영국이 국가로서 새로운 본보기가 되었다. 비평가들이 보기에 영국인들이 자신들의 통치자를 지지하는 이유는 그가 다른 나라들을, 그중에서도 유럽 바깥의 나라들을 착취하기 때문이었다. 국가에 충성을 바치는 이유도 프랑스 공화국과 보나파르트와의 전쟁을 거치며 촉발된 국수주의적 민족주의 때문이었다.

부패한 무역 회사들의 중상주의와 민족주의가 결합해 능란한 전쟁 기량이 탄생했다면, 정치의 미래는 그야말로 암울한 것이었다. 흄과 칸트, 헤겔과 같은 철학자들은 종교개혁 시기에 만연했던 위험한 광신도들을 묘사하기 위해서 사용됐던 미신이나 열정 같은 단어가 18세기 말에 이르러 종교 용어에서 정치 용어로 변모했음을 인정했다. 16세기, 17세기 유럽 대륙을 뒤흔들었던 종교 전쟁의 재발을 막기 위해 도입됐던 계몽주의 정책들도 점차 제구실을 하지 못하게 되었다. 계몽주의 시대의 막바지에는 세 가지 방책이 제시되었다. 첫번째는 합리적인 법칙들을 통해 공공선을 명확히 정의 내릴 수 있는 입법에 관한 학문을 만드는 것이었다. 두번째는 자유주의 정치체들을 개혁함으로써 시민적, 정치적 자유를 추구함과 동시에 평화로운 국제주의와 자유 무역을 달성할 수 있도록 하는 것이었다. 세번째는 사회적 삶을 구성하는 제도적 구조 차원의 정치 자체를 모두 없애버리는 것이었다. 정치사상사를 보면 첫번째, 두번째 열망은 19세기를 거치며 자유주의 철학자들의 연구로 이어지게 된다. 그들은 모두 중상주의, 제국의 방종, 편협한 민족주의가 존재하지 않는 사회를 만들고자 하였다. 그리고 세번째 대응방식은 마르크스와 엥겔스로 이어지게 된다.

마르크스의 철학

마르크스주의의 강력한 매력은 20세기 정치사상사 저술에 가장 큰 영향을 미쳤다. 심지어 비평가들조차도 마르크스주의의 신조를 기준으로 두고서 그와 반대되는 방식으로 자신들의 작업을 정의 내린다. 지금이야 역사적 유물론의 추종자가 적어졌지만, 언제든 다시 유행하게 될 수 있다. 많은 것들을 약속해준다는 점, 그리고 자본주의 사회를 제대로 비판해준다는 점에서 그 유혹이 아주 강력하기 때문이다. 마르크스는 자신이 역사 연구를 자연계나 물리계에 대한 연구만큼이나 객관적인 주제로 바꾸어놓았다고 주장했다. 인류 발전을 위한 가장 야심찬 혁명적 기획이 정당화되는 과정에서 역사는 정치에 직접 연관되었다. 혁명의 종점은 정치 없이도 인간들이 평화롭게 살 수 있도록 만드는 것이며, 높은 생산성을 갖춘 공산주의 사회에서 사람들은 지배 국가의 억압적인 권력자 없이도 여가와 만족을 누리게 된다.

1980년대 말까지 정치사상을 연구하는 역사가 중 많은 이가 마르크스주의자였다. 그들은 부당한 자본주의 시스템으로부터 모두가 노동의 정당한 대가를 누리는 체제(사회주의)로, 궁극적으로는 모두의 필요가 충족되는 사회(공산주의)로 이행해서 사회의 병폐를 고치고 미래를 예측할 수 있다고 약속하는 철학에 매료되었다. 역사적 분석과 사회적 진보는 간단한 방식으로 서로 연결될 수 있으며, 역사적 유물론이라는 과학에 근거해 논쟁의 여지가 없는 구체적인 정책과 같은 실제적인 성과물을 내놓는 것도 가능하다고 했다. 정치사상사의 많은 연구는 특정 주제에 대한 마르크스주의적 접근법을 활용한 반박으로부터 이뤄졌다. 일례로, 정치사상사가들은 언제나 저항권 문제를 고민하며, 궁극적으로 혁명이 국가를 변화시키거나 새로운 공동체를 처음부터 건설하는 최선의 수단인지를 고민해왔다.

하지만 마르크스의 사상의 위력이 명백하게 드러나는 부분은 정작 따로 있다. 바로 마르크스주의를 가장 단호하게 반대하는 이론들과 마르크스주의가 서로 닮아 있다는 점이다. 일례로, 경제학의 '법칙'들을 완전히 체화한 채로 규제받지 않는 자본주의(unfettered capitalism)의 대안을 찾지 못하는 현대의 신자유주의 시장자유주의자들은 세 가지 면에서 마르크스주의적인 서술 방식을 퍼뜨리고 있다. 대안을 찾기를 거부한다는 점에서, 모든 문제는 지구적 측면에서 바라봐야 한다고 요구한다는 점에서, 그리고 자신들의 주장이 과학적으로 뒷받침되고 있으며 유일하게 옳은 주장이라 확신한다는 점에서 그렇다.

마르크스는 역사를 통틀어 모든 인류 공동체의 목표는 자본을 창출해내는 토지나 노동력 같은 생산력을 증대시키는 것이라고 주장했다. 생산력은 현존하는 사회의 생산관계에 의해 운용되며, 주된 생산관계가 그 사회의 특징을 결정 짓는다. 이를테면, 주인과 노예, 영주와 농노, 혹은 자본가와 자유 노동자 등 어떤 사회적 관계가 우세하느냐에 따라, 그 사회는 노예제일 수도, 봉건제일 수도, 혹은 자본주의 사회일 수도 있다. 주된 생산관계가 그 사회의 핵심 사상을 결정하므로, 사상의 영역인 인간 의식의 작동 역시 통제되는 물질적인 요소들을 통해 읽어낼 수 있다. 이러한 관점은 마르크스의 헤겔 비판[3]을 떠올리게 하는데, 마르크스는 인간 사회 연구의 철학적 토대로서 관념론이 부적절하다고 주장한 바 있다.

마르크스에 따르면, 인간 의식의 작동을 결정짓는 것은 결국 신체의 작동이다. 인류 역사를 통해 작동하는 관념적 동력을 이해할 수 있었던 것은 헤겔의 천재성 덕분이었다. 마르크스는 관념적 동력에 관한 헤겔의 연구를 유물론으로 전환하기 위해 필요했던 한 걸음을 더 나아가, 모든 관념을 결정짓는 물질적 동력을 밝혀냈다. 마르크스는 자신이 근본적으로 체계가 없는 관념과 이데올로기에 대한 무질서한 분석을 순수 과학으로 탈바꿈시켰다고 생각했다. 마르크스에 따르면, 어떤 사회에서든 그 사회의 토대로 기능하는 주된 생산관계가 확정되면, 그에 따른 철학, 예술, 정치 등의 상부구조를 읽어낼 수 있다. 마찬가지로, 인류를 위한 생산력을 더욱 잘 통제할 수 있도록 하는 더 높은 단계의 생산관계로의 혁명적 이행을 주장하는 비판적 목소리도 읽어낼 수 있다. 이러한 비판적 목소리들이 권력을 장악할 정도의 혁명적 움직임으로 전환되면, 이러한 위기의 순간에 낡은 생산관계는 더 높은 단계의 생산관계로 대체될 것이고, 새로운 생산관계에 조응하는 새로운 지배적인 이념적 상부구조가 등장하게 될 것이다.

자본주의적 생산관계의 폐해를 과학적으로 분석하고, 부르주아 계급의 지배를 프롤레타리아 지배로 대체함으로써 실현될 사회주의적 생산관계의 이점을 설파하는 것을 가능하게 하는 마르크스주의의 특징은 20세기에 특히나 매력적으로 여겨졌다. 당시로서는 레닌이 말했듯, 소비에트(노동자들의 평의회)의 지배에 전기화(電氣化)를 더하면[4] 모두가 더 잘살 수 있는 시대가 도래할 것이라는 점이 명백하지 않았는가? 마르크스주의는 국경도 없고 결핍도 없고, 전쟁이나 분열도 없는 인류를 위한 더 나은 미래를 꿈꾸며 고상한 원칙을 중시하는 도덕주의자들과 세계시민주의자들에게도 매력적으로 다가왔다. 한편 지배층인 자본주의 부르주아 계급과의 투쟁은 언제나 피비린내 나는 전투였다. 권위와 자본이 모두 그들의 통제하에 있었기 때문이다. 하지만 역사는 하나의 방향으로만 움직이고 있기에 더 나은 세상의 탄생은 불가피한 것이자 모두를 위해 타당한 것이므로 투쟁하다 죽는 것은 가

8. 월터 크레인, 노동의 국제적 연대 (1889)

장 의미 있는 희생이었다.

마르크스와 정치사상

정치사상의 역사를 연구할 때 마르크스적 관점에서 분석하는 것이 기본인 작업처럼 여겨질 수 있다. 어떤 사회에서나 정치사상은 생산관계의 요건에 기대어 있다. 현재 지배적인 생산양식에 대한 정확한 상황을 파악해 경제학적으로 분석하면, 해당 생산양식이 어떻게 발전해왔는지, 그리고 그 토대에 깔린 부당함은 어느 정도인지 밝혀낼 수 있다. 이러한 분석 방법을 택한다면, 정치사상은 기존의 생산관계를 지지하는 부류와 상위 단계로의 이행을 위한 혁명을 지지하는 부류로 크게 나눌 수 있게 된다. 마르크스주의적 접근법이 유행하게 되면서 20세기에는 경제사 분야의 연구도 활발히 이루어졌다.

하지만 정치사상사는 인류의 발전 과정에서 위에서 이야기한 것 이상의 역할을 해온 것이 분명하다. 마르크스는 한번도 자본주의에서 사회주의로 넘어가는 구체적인 방법을 뚜렷하게 밝힌 적이 없다. 처음에 그는 1848년에 출간된『공산당 선언*Communist Manifesto*』에서 혁명은 명약관화한 일이 될 것이라 예측했다. 그해 유럽을 뒤흔든 자유주의―민족주의 혁명을 바라보던 마르크스가 기대했던 대로, 봉건제도는 자본가 계급이 정치를 장악한 순간 사라졌다. 부르주아 계급은 곧이어 이윤이 아니라 노동에 기반한 사회 조직을 건설할 프롤레타리아 계급에 의해 무너지게 될 것이었다. 하지만 실제 현실에서는 훨씬 더 복잡한 상황이 벌어졌다. 1848년 혁명[5]은 역사 발전의 다음 단계로 넘어가기 위해 반드시 거쳐야 할 부르주아 계급의 최종적 승리를 불러오지 못했고, 오히려 예전 나폴레옹 1세의 전성기 때로 돌아가고픈 프랑스 농민들이 그의 조카, 루이 나폴레옹 보나파르트를 대통령으로 선출하는 등 봉건적으로 보이는 반동 세력이 귀환했다. 늘 자기합리화에 능했던 마르크스는 1850년에 신 라인 신문(Neue Rheinische Zeitung)에서 연재한 기사들을 엮은 책『프랑스에서의 계급 투쟁 1848-1850 *The Class Struggles in France, 1848-1850*』에서 현재의 정치 상황을 보면 역사가 장난을 치는 듯 보여도, 1848년 혁명을 통해 봉건주의에 진정한 작별을 고한 셈이며 비록 실제 현실 정치로 구현되지는 않았지만 사실상 부르주아의 지배가 도래한 것이나 마찬가지라고 주장했다. 마르크스가 보기에 루이 나폴레옹 보나파르트는 부르주아 계급을 위해 통치해야만 했다. 그와 그의 권력 기반이 되는 농민들은 그렇지 않은 척했지만 말이다.

　마르크스의 대답은 아주 영리했다. 그러한 대답과 함께 정치적 실천의 영역은 면밀한 탐구 대상이 되었고, 마르크스주의적 과학 내에서 유동적인 요인으로 여겨지게 되었다. 마르크스는 여전히 사회주의로 가는 가장 확실한 방법이 무엇인지에 대해 모호한 태도를 취했다. 자본주의가 어디에서 가장 먼저 몰락할 것인지, 혁명이 일어나게 되면 어떤 방식으로 다른 국가나 대륙에 전파될 것인지와 관련한 논쟁이 계속되면서, 이후 프락시스(praxis)[6]라고 불리게 될 영역에 대한 불확실성은 더욱 커지게 되었다. 마르크스는 모든 그의 초기 저작에서 자본주의가 고도로 발전되면 한계가 극명하게 드러나고 사회주의를 지지하는 반대파들이 어느 때보다도 잘 조직될 것이므로, 자본주의가 가장 발전되었을 때 반드시 붕괴할 수밖에 없다는 예측을 자신 있게 내놓은 바 있다. 하지만 19세기를 거치며 영국 같은 자본주의 국가는 점차 안정되어가는 듯 보이고, 자본주의와 도시화가 제대로 정착하지 못한 러시아 같은 국가에서 오히려 사회주의 운동이 활발히 일어나게 되자, 여러 의문점이 제기되기 시작했다. 마르크스는 1881년 3월에 러시아의 사회주의자인 베라 자술리치(Vera Zasulich)에게 보낸 편지에서 아마도 촌락 공동체가 가진 역량 덕분에 자본주의가 뿌리내리지 못한 러시아 같은 곳에서도 봉건제도에서 사회주의로의 즉각적인 이행이 가능했을 것이라 추측했다. 사회주의가 일단 확립되기만 한다면, 유럽의 더 발전된 경제의 국가들로 퍼져나갈 것이라고 했다. 이런 문제들에 대한 다양한 대답들 — 스탈린의 '일국사회주의'부터 사회주의가 보편적으로 받아들여질 때까지 영구적인 혁명이 필요하다는 트로츠키의 주장에 이르기까지 — 은 20세기 내내 마르크스주의자들을 분열시켰다.

마르크스주의 내부의 가장 극심한 분열은 혁명 정치의 실천 문제를 둘러싸고 벌어졌다. 혁명은 프롤레타리아 계급의 대중을 위한 대리인이자 전위대로서 활동하는 조직된 정당을 통해 발생하며, 정당은 사회주의 사회가 실현되기 전까지 필요하다면 폭력을 이용해서라도 국가 기관을 장악하고 그 상태를 유지해야 한다. 심지어 자본가들의 자금을 취하는 것도 혁명 전위를 보위하기 위해서라면 정당한 것으로 간주될 수 있다. 이러한 이유로 레닌은 볼셰비키당이 러시아에서 혁명을 준비할 수 있도록 독일로부터 기꺼이 자금을 받았다. 그 덕분에 볼셰비키당은 1917년 10월의 대중 봉기 이후 차르 체제를 무너뜨리는 과정에서 더 민주적이고 자유주의적인 멘셰비키 세력을 타파할 수 있었다.

노동자들의 국가 혹은 사회주의를 수립하기 위해서라면 무엇이든 할 준비가 되어 있는 전문 혁명가들, 즉 헌신적인 당원들로 이루어진 전위대의 등장은 자본주의 붕괴 과정에서 발생할 수 있는 과도기적 단계로 받아들여졌다. 레니니즘(Leninism)이라 불리는 이러한 정치적 접근방식이 갖는 문제

중 하나는 전위대가 존재한다는 것이 마치 노동자들에게는 뭔가 '문제'가 있다는 의미로, 즉 노동자들은 그들이 처한 역사적 운명에 대한 자각이 부족하며 저항하기를 거부한다는 의미로 받아들여질 수 있다는 점이다. 또다른 심각한 문제는 일단 국가 권력을 장악하게 된 광적인 레닌주의자들이 노동자들에게 권력을 이양함으로써 지배 권력을 해체하기를 거부하고, 계속해서 권력을 독점함으로써 새로운 전제정을 수립하고자 한다는 점이다.

헝가리 귀족 출신의 고학력 마르크스주의자였던 죄르지 루카치(György Lukács)는 1923년에 출간한 『역사와 계급의식 *Geschichte und Klassenbewußtein*』에서 사회주의 수립을 위한 새로운 계획을 세웠다. 루카치는 프롤레타리아와 소작농들로 이루어진 민중 연합체를 선호하였으며, 프롤레타리아 독재가 완전하게 달성되기 전 혁명의 초기 단계에서는 그러한 연합이 독재적 권력을 행사해야 한다고 보았다. 이제 소련이 된 곳에서 1923년경에 벌어진 일련의 사건들로 인해 마르크스주의의 추종자들에게 '진리'가 주입되기 시작했다. 통치 기구였던 코민테른은 루카치를 이단 혐의로 검열했다. 루카치의 연구는 훗날 소련의 행보에 대한 비판과 함께 등장한 마르크스주의의 한 분파인 서구 마르크스주의의 토대가 된다.

마르크스주의적인 정치가 어떤 모습이어야 할지에 대한

고찰로 인해 1980년대에 들어 마르크스주의와 정치사상사 간의 연결고리가 분명해졌다. 마르크스주의를 연구하는 사람들은 자신이 마르크스주의자인지, 그렇다면 마르크스주의 철학의 어떤 분파에 헌신할 것인지 결정을 내려야 했다. 이때 루이 알튀세르(Louis Althusser)의 연구 —『마르크스를 위하여*Pour Marx*』(1965)[7]와 그의 제자 에티엔 발리바르(Étienne Balibar), 자크 랑시에르(Jacques Rancière)와 함께 쓴『'자본'을 읽자*Lire 'le Capital'*』(1965), 그리고『몽테스키외, 정치, 그리고 역사*Montesquieu, la politique et l'histoire, 1959-1970*』— 는 결정을 내리는 과정에서 반드시 읽어야 할 책으로 여겨졌다. 마르크스주의 사상의 역사를 다룬 연구 역시 인기를 끌었는데, 그중에서도 헤르베르트 마르쿠제(Herbert Marcuse), 레제크 콜라코프스키(Leszek Kolakowski), 쉴로모 아비네리(Shlomo Avineri)의 연구가 특히 주목받았다.

자본주의가 완전히 무릎을 꿇은 듯 보였던 1920년대와 1930년대에 교육받은 세대들에게 특히나 강력한 힘을 발휘했던, 마르크스주의 학설이 가진 순전한 지성적 힘에 대해서는 짚고 넘어갈 필요가 있다. 사람들은 스탈린의 모스크바 재판(1936-1938) 이후 사회주의를 보면서 폭정 및 강력한 독재자의 이미지를 떠올리게 되었지만, 그럼에도 유럽 전역으로

파시스트 독재가 확산되고 있는 상황에서 소련 모델은 하나
의 대안으로 간주되었다. 히틀러의 독일에 맞선 대조국전쟁
기간에 러시아 사람들이 보여준 희생 역시 독일과 다시금 대
비되었다. 심지어 대기근이라든지, 정권에 대한 사소한 비판
자에게까지 가해졌던 대학살이나 추방처럼 소련의 잔혹함
을 증명하는 증거들이 밝혀진 이후에도, 어쨌든 러시아가 매
우 짧은 시간 안에 산업화를 이뤄내고 나치 독일을 격파할 정
도로 강력한 국가가 되었다는 사실로 인해 잠재적 사회주의
자와 개혁가들은 소련에 큰 매력을 느꼈다. 미래의 역사 발전
과정에 대한 확신과 필연적인 인류의 발전을 이야기하는 철
학이 소련을 뒷받침하고 있다는 점은 순진한 젊은 이상주의
자들이 이끌릴 만한 요소였다.

　정치적 스펙트럼 양끝에 있는 인물들도 모두 마르크스주
의의 위력을 인정했다. 포퍼를 비롯해 끝내는 마르크스주의
에 반대한다고 선언했던 많은 학자들은 모두 공산주의자였
던 시기를 거쳤다. 누가 봐도 좌파의 편이라 볼 수 없는 휴 트
레버 로퍼(Hugh Trevor Roper) 역시 마르크스주의의 매력과
마르크스주의로부터 영감을 받은 역사가들의 기량을 인정했
다. 1920년대에 철학자이자 고고학자인 R. G. 콜링우드(R. G.
Collingwood)는 자신의 책 『지식의 지도*Speculum Mentis*』(1924)
에서 마르크스를 매우 중요한 인물로 언급하며, 그 이유로

'모든 사상이 행동을 위해 존재한다'는 점을 들었다. 이후 출간된 『자서전』(1939)에서 콜링우드는 자신이 이 시기에 마르크스를 '투쟁하는 철학자'라 상찬하며, 사회와 단절된 채 대학에서 군림하면서 정치를 말싸움으로만 만들어버리는 나약한 자들과는 다르다고 했던 것을 회고하기도 했다.

애버딘 학교의 제임스 H. 번즈(James H. Burns)처럼 1940년대를 살아가는 도덕적 양심을 지닌 젊은 청년들이 지역 공산당에 가입하는 것은 아주 흔한 일이었다. 번즈의 경우에는 나중에 공산주의자에서 가톨릭으로 전향했지만 말이다. 1940년대 말 학부생이었던 엘리 케두리(Elie Kedourie)는 런던 정치경제대학교에 도착했을 때, 나중에 토리당 고위층 인사가 되는 알프레드 셔먼(Alfred Sherman)의 환영을 받았다. 셔먼은 케두리를 바로 한 모임에 데려갔는데, 알고 보니 공산당 신입부원을 모집하기 위한 토론회였다. 지금까지 언급한 모든 인물은 시간이 지난 후 마르크스주의를 철저히 반대하게 된다. 이처럼 마르크스주의를 일시적으로 지지했던 인물들도 있는 한편, 다른 많은 사람들은 계속해서 마르크스주의를 자신의 지적 정체성의 핵심으로 삼았다. 1980년대에 잘나가던 캔버라의 호주국립대학교의 명망 높은 '사상사 분과(History of Ideas Unit)'를 총괄했던 사람이 한때 마르크스주의자였던 유진 카멘카(Eugene Kamenka)라는 점은 그다지 놀라운 일이 아니다. 마르크스에게는 언제나 강력하고 때때로는 천재적인 옹호자들이 존재했으며, 1978년에 『카를 마르크스의 역사이론: 역사유물론 옹호*Karl Marx's Theory of History: A Defence*』[8]를 출간한 옥스퍼드대학교의 철학자인 제럴드 앨런 코헨(Gerald Allan Cohen)[9]도 그중 한 명이다.

마르크스를 반박하는 것의 어려움

마르크스주의가 정치사상가들에게 끼친 영향력이 과소평가하기 어려울 정도로 큰 만큼, 그러한 철학을 반박하는 것 역시 어려운 일이다. 정치사상사가들이 겪는 어려움 중 하나는 마르크스주의적인 이해의 틀을 거부할 경우 자칫하면 정치사상사를 사회 변혁의 힘으로 전환하는 데 관심이 없는 고서(古書) 수집가가 되어버릴 수 있다는 점이다. 영향력 있는 고전주의자였다가 정치사상사가이자 정치이론가가 된 어니스트 바커(Ernest Barker)의 연구에서 그러한 면을 확인할 수 있다. 바커는 1927년 케임브리지대학의 정치학과의 록펠러 재단이 지원하는 석좌교수로 처음 임명되었으며, 11년간 그 자리를 지켰다. 그는 존 로버트 실리(John Robert Seeley)[10]가 남겨놓은 두 개의 역사적인 논문을 가르쳤으며, 그 내용을 기반으로 『정부에 대한 소고*Reflections on Government*』(1942)와 『사회, 정치 이론의 원리들*Principles of Social and Political Theory*』(1951)

을 출간했다. 바커는 나치 독일과 소련의 통치 형태를 근대적 독재라 보았으며, 이 책들에서도 근대적 독재에 대한 공격을 이어나갔다. 바커는 수년 전부터 이미 그러한 비판을 지속해 오고 있었다.

바커는 1897년 옥스퍼드대학에서 '타운십과 자치구(Township and Borough)'라는 이름으로 진행된 법제사 연구자 F. W. 메이트랜드(F. W. Maitland)의 포드 강의(Ford Lecture)[11]로부터 지대한 영향을 받았다. 메이트랜드는 독일의 법학자 오토 본 기르케(Otto von Gierke)와 마찬가지로 유럽사의 가장 중요한 요소로 결사체의 형성을 들었다. 바커는 1934년에 기르케의 『독일의 단체법Genossenschaftsrecht』 내용 일부를 『자연법과 사회 이론Natural Law and the Theory of Society』이라는 제목으로 번역하였으며, 책 서론에서 자신이 독일과 이탈리아에서 목도한 광신적인 민족주의자/인종주의자 집단들과 소련의 계급 기반 집단들을 강하게 비판했다. 바커는 그런 집단은 배타적이고 편협한 로마법의 영향을 받은 낭만주의의 산물이며, 형평법과 신탁법의 산물이라고 할 수 있는 영국의 다양한 결사체와 대조된다고 주장했다. 바커가 『플라톤과 아리스토텔레스의 정치사상The Political Thought of Plato and Aristotle』(1906)에서 주장했듯, 영국적 '타협의 정신'의 기원은 아리스토텔레스까지 거슬러올라가는 것이었다.

이러한 주장은 어떤 의미를 가지는가? 바커는 영국적인 삶과 문화가 공격받던 시기에 영국적인 것의 우월성을 옹호하는 대변자였다. 그는 전쟁을 혐오하였고 히틀러를 어떻게든 달래보려고 했던 네빌 체임벌린 정부를 지지했다. 전쟁 이후에는 국가 계획을 통한 국가의 개인에 대한 통제를 우려했고, 그러한 이유로 1945년부터 1951년까지 집권한 노동당 정부가 추진한 여러 개혁 정책들을 비판했다. 바커의 입장이 학문적 토대 위에서 신중하게 형성된 것이기는 하지만, 바커의 제자이자 마르크스주의자인 해롤드 라스키(Harold Laski)의 실천주의에 비하면 완전히 이상주의적인 것처럼 보인다. 제1차 세계대전 이후 라스키는 자신의 지도교수를 따라 자유주의적 다원주의를 옹호했으나, 1925년 런던 정치경제대학교의 정치학 교수가 되면서 입장을 바꿔 1930년부터는 스탈린과 소련을 옹호하는 형태로 점차 마르크스주의에 가까워졌다. 라스키는 강의와 끊임없는 사회운동을 통해 학생 세대에 많은 영감을 주었다. 수많은 지루한 책들로 유명한 라스키이지만, 자와할랄 네루(Jawaharlal Nehru)나 랄프 밀리밴드(Ralph Miliband)같이 이후 좌파 진영에서 등장한 영향력 있는 인물들은 사회 변혁을 정당화하기 위해 정치사상사를 이끄는 데 있어서의 이념의 역할을 중요하게 여긴 라스키에게 많은 빚을 지고 있다고 이야기한 바 있다.

한편, 마르크스주의자들을 높이 평가하던 R. G. 콜링우드
(R. G. Collingwood)는 1938년 출간한 『예술의 원리 *The Principles
of Art*』에서 마르크스주의는 결국 철학도 아니고 역사학도 아
니라고 결론지었다. 마르크스주의는 교리와 가치 체계, 그리
고 정해진 행동강령이 존재하는 하나의 종교로 이해되어야
했다. 이 점에서 마르크스주의는 당대의 또다른 정치적 종교
라 할 수 있는 파시즘과 마찬가지로 위험해진다. 콜링우드가
죽기 전 작성한 한 편지의 문장은 직접 인용할 만한 가치가
있는데, 그는 거기서 사상사에 있어 가장 큰 도전은 종교에서
비롯되었다는 점을 명확히 밝혔다. 신학은 떠돌아다니는 그
럴듯한 신화에 취약한 사람들에게 세상사를 이해할 수 있게
설명해줄 수 있는 능력을 갖고 있기 때문이다.

『자서전』에서 [나치즘, 더 나아가서는 파시즘 일반에 대한] 진
단을 내렸었는데, 완전히 틀린 진단이었다. 나는 마르크스주의
적 관점에서 그것들을 일종의 계급 전쟁 현상으로 설명하려고
했었는데, 그게 아니었다. 지금은 일종의 '종교적 현상'으로 보
고 있다. 기독교에 반기를 든, 즉 문명에 반기를 든 기독교 이
전 종교의 단면(outcrop)이자, (우리가 이해한 대로) 기독교의
당연한 귀결로 봐야 한다.

콜링우드의 주장은 전후 시기에도 계속해서 회자되었다. 마르크스주의는 종교에 준하는 헌신을 요구했다. 당원들은 실제로 믿음을 통한 구원을 강조하는 교회의 구성원이나 마찬가지였다. 관용은 일절 기대할 수 없었다. 다른 분파와의 대결이 자연스럽게 발생하였으며, 모든 분파가 교리적으로 이단인 다른 분파와의 차이점을 내세우며 스스로를 진정한 마르크스주의자라 주장했다. 가끔은 투쟁의 초점이 자본주의가 아니라 이단이나 마르크스주의에 대한 특정한 반대 입장을 척결하는 데 맞춰져 있는 것처럼 보일 때도 있었다. 뒤에서 살펴보겠지만, 라인하르트 코젤렉(Reinhard Koselleck)이 카를 슈미트를 인용하며 지적했던 이런 식의 마르크스주의 비판은 근대 세계가 이데올로기 면에서 신학적인 특징을 갖고 있으며 그러므로 유토피아적 광신주의의 홍역을 치를 수밖에 없다고 해석하는 입장과 맞닿아 있다.

마르크스주의와 마오쩌둥주의

혁명을 통해 중국, 베트남, 캄보디아에서 권력을 차지한 20세기 중후반 프랑스에서 교육받은 급진적인 철학자들의 행동들에는 루이 14세 치하 프랑스의 대주교였던 프랑수아 페늘롱(François Fénelon)의 영향이 있었다. 강제로 사람들이 도시를 떠나게 만들고 다시 농업에 종사하도록 재교육하는 프로젝트는 마르크스에게서 온 것이라기보다는 페늘롱의 주장에서 기인한 것이다. 페늘롱의 사례는 정치사상의 전통적인 정전(正典)의 목록에 종교적 색채를 띤 정치적인 글들을 포함하는 것이 왜 중요한지를 잘 보여준다.

공산주의 사회를 현실화하는 문제는 20세기 마르크스주의자들을 몹시 괴롭히던 문제였다. 마르크스 본인도 1848년 혁명의 실패를 경험하는 등 사회주의가 실제로 수립되는 것을 본 적이 없었기에, 공산주의로의 이행의 본질을 정확히 설명해내기는커녕, 혁명을 수립하고 이후 사회주의를 유지하는 데 있어 필요한 과정들에 대한 적절한 지침조차 제시할 수 없었다. 세계대전과 지속되는 내전들 속에서도 혁명의 성공을 꿈꾸던 이들은 마르크스의 주장에만 얽매일 것이 아니라 그 너머를 봐야만 했다. 농업 경제를 생산성 높은 공산주의 사회로 변혁하고자 했던 대약진 운동(1958-1962)이 실패한 이후 중국이 마주했던 상황이 정확히 그랬다.

혼란스러운 상황 속에서 사회 변혁에 대한 정교한 계획을 갖고 있지 못했던 중국 정부의 마르크스주의자들은 페늘롱을 통해 많은 것을 배웠다. 페늘롱은 높은 학식과 기독교적 헌신으로 유명한 학자로, 루이 14세의 손자인 부르고뉴 공작(duke of Burgundy) ― 아버지 사망 후 왕위 계승자가 되었으나 젊은 나이에 사망했다 ― 의 교사로 고용되기도 했다. 페늘롱은 왕세손을 위한 교육 매뉴얼로서, 스승 멘토르 (Mentor)에게 국민을 위해 국가를 운영하는 법을 배우는 텔레마코스(Télémaque)라는 이름의 젊은이 이야기를 쓰기도 했는데, 이후 이 원고의 제목은『텔레마코스의 모험*Les aventures de Télémaque, fils d'Ulysse*』이 되었다. 훌륭한 통치란 무엇인지에 대한 지침서라 할 수 있는 페늘롱의 책은 루이 14세의 당시 정책들과 반대되는 내용을 담고 있었는데, 실제로 그 정책들을 비난할 목적으로 쓰인 책이었다. 페늘롱 스스로도 그 작품이 선동적으로 여겨질 것이라 생각했기에, 책이 널리 퍼지지 않기를 바랐다.

그러다 누군가『텔레마코스의 모험』원고를 훔쳐 1699년에 출판했다. 세간은 책 얘기로 가득했고,『텔레마코스의 모험』은 곧이어 18세기 유럽 전체에서 가장 인기 있는 대중서가 되었다. 텔레마코스가 스승 멘토르와 함께 아버지 오디세우스를 찾아 나서는 매혹적인 이야기 속에 국가를 어떻게 통치해야 하는지에 대한 메시지가 담겨 있었기 때문이다. 책의 주요 주제 중 하나는 전쟁과 사치품 소비에 빠져 있는 살렌툼 (Salentum)[12]이라는 타락한 왕국이 어떻게 더 자연스러운 형태의 사회생활 방식으로 나아갈 수 있는지에 대한 것이었다. 페늘롱의 책은 제국을 건설할 목적으로 전쟁을 통해 유럽 내에서의 영향력을 키워나가는 프랑스의 전략에 대한 명백한 비판이었다. 정치와 경제 영역에서 도덕을 고려하지 않는 국가이성(國家理性)적 정책이, 특히 그것이 국가와 개인의 부의 획득을 위한 것일 때, 어떤 결과를 초래할 수 있는지를 경고하고 있기도 했다.

페늘롱은 자본주의가 결국 전제정치를 불러올 것이라며 불길한 앞날을 예견했다. 상업이 발전하면서 농업에 소홀해지면, 빈곤에 지친 농민들은 부에 대한 약속에 이끌려 크고 작은 도시로 떠날 수밖에 없다. 그리고 농민들은 그들 자신의 정체성과 문화에 대한 의식을 잃게 될 것이며, 느슨해진 도덕관념과 사치와 함께 타락하게 될 것이다. 어떤 사업이든 늘 부침이 있을 수밖에 없으므로, 도시 이주자들은 필연적으로 실업 상태를 겪게 될 것이다. 그런 상황이 되면 그들은 먹고 살기 위해 상비군에 입대할 수밖에 없게 된다. 특정 국가에 헌신할 이유를 찾지 못하는 무장한 용병들은 자신들에게 보상을 주는 장군이라면 그게 누구든 충성을 바칠 확률이 높다. 언젠가 때가 되면, 루비콘강을 건너 대중들의 자유를 종식시키려는 현대판 카이사르를 따르게 될 수도 있다. 그렇게 절대군주제 혹은 군사 독재가 시작될 것이다.

농촌 출신 이주자들이 용병이 되어버리는 문제에 대한 페늘롱의 해결책은 격변과 폭력을 동반한 것이었다. 페늘롱은 필요한 경우 사람들을 도시에서 강제로 이주시켜 흙과 가까운 삶을 살며 일하게 해야 한다고 주장했다. 페늘롱이 갖고 있던 두려움과 그에 대한 해결책은 18세기 내내 논쟁의 대상이 되었으나, 절대 사라지지는 않았다. 마르크스 역시도 페늘롱의 자본주의 비판으로부터 많은 것을 가져왔다. 하지만 페늘롱의 급격한 사회 변혁 계획에 동의하지는 않았다.

　마르크스주의는 여전히 중요하다. 혼란의 시기마다 억압 아래 놓여 있다고 느끼는 다양한 집단들은 마르크스주의라는 기치 아래 단결할 수 있다. 실제로 1960년대에 무정형의 마르크스주의를 표방한 마르쿠제(Marcuse)가 '제3세계'라고 명명된 지역을 과소평가하는 것을 멈출 것을 요구하며, 반인종주의 및 반자본주의 활동가들, 흑인 인권운동 지지자들, 아프리카 전역에서 착취당하던 농부들, 중국 공산당 소속의 노동자들까지도 모두 한데 모았던 적이 있다. 하지만 문제는 1920년대에 루카치가 경고했듯, 혁명에 불을 붙일 뿐만 아니라 사회 구성원들 대다수의 충분한 지지 기반 위에서 혁명을 안정화하기 위해서는 반드시 혁명적 주체와 충분한 단결이 존재해야만 한다는 점이었다.

제 4 장

정치철학자들과 정치사상사

정치, 철학, 그리고 역사

마르크스주의적 접근 방법이 역사적 사상을 재구성하는 방식이 정도를 벗어났다는 비판이 존재하는 한편, 마르크스주의가 철학으로서 자유주의보다 못하다는 비판도 존재했다. 결국에는 마르크스주의가 덜 자유로우면서 문제가 더 많은 사회를 옹호하고 있기 때문이다. 마르크스주의가 결국은 전제주의로 이어질 것이라는 시각은 1920년대부터 널리 퍼져 있었다. 공개 재판, 자아비판, 사법 절차를 활용한 살인과 같은 사건들은 마르크스주의에 기반한 전형적 국가인 소련이 전쟁과 혁명을 통해 전 세계의 다른 정치 체제들을 무너뜨리려 한다는 주장으로 연결됐다. 모든 면에서 마르크스주의보다 우월한 철학이자 당대 사회를 지탱하고 있는 자유주의 철학을 정당화하는 일은 냉전이 도래하며 더욱 시급한 일이 되었다. 게다가 나치즘에 대한 자유민주주의의 승리를 통해 얻게 된 자신감으로, 자유와 복지, 번영을 결합한 자유주의 국가가 바로 나아가야 할 미래라고 생각하는 이들도 많아졌다. 그 시대의 특징은 문제에 대한 합리적 해결책과 보편적으로 정의된 공공선을 구현하는 법률에 대한 믿음이라는 단어로 표현될 수 있다. 프랑스와 영국의 옛 제국은 무너졌다. 제국에 대한 단념 위에 세워진 국가인 미국은 공산주의와 싸우면서도 제국주의적 야욕을 드러내지 않았다. 미국의 목표는 오히려 지구상의 모든 사람들에게 이득이 될 세계 무역이었다.

공산주의든 자본주의든 정치, 경제, 사회의 '올바른' 시스템이 마침내 발견되었다는 1950년대의 자신감은 아니나 다를까 역사와 이론을 도외시하는 태도로 이어졌다. 가치나 이념에 대한 주장은 더이상 먹히지 않았다. 이제 사회 정책을 정당화할 수 있는 것은 과학이었다. 하인즈 율라우(Heinz Eulau)와 데이비드 이스턴(David Easton)을 비롯한 여러 정치학자들에 의해 주창된 행태주의(behaviouralism)는 경험적으로 증명되거나 반박될 수 있는 주장에 의거한 정치 분석을 주장하며, 자연과학의 모델에 근거해 정치를 설명하고 예측했다. 모든 문제에는 해결책이 존재하며, 해결책은 언제나 수학적으로 표현될 수 있었다. 자료 분석을 통해 가설을 검증할 수 있으며 그를 통해 반박의 여지가 없는 확실한 정책 제안이 가능해진다고 보았다. 이처럼 합리적 선택 분석이 중요해지고 경제학과의 유사점이 강조되는 등 정치학의 동향은 계속 바뀌어왔지만, 과거를 돌아보는 것을 철저히 거부하는 태도는 여전히 남아 있었다. 현재의 문제를 해결하기 위해서는 오직 현재의 자료만이 중요하다는 것이다.

서구의 많은 대학 정치학과에서 행태주의에 반발하는 학자들이 축출되는 한편, 정치철학에 대한 관심은 급증하고 있었다. 자유주의 사회가 어떤 모습이어야 하는지에 대한 불확실성을 해결하는 것이 여전히 중요한 문제로 남아 있었으며, 특히 1940년대와 1950년대에 미국에서 조지프 매카시(Joseph MacCarthy) 상원의원으로부터 시작된 반공주의적 숙청이 추진된 이후 그에 대한 논쟁이 지속됐다. 자유주의가 국내적으로 그리고 국제적으로 의미하는 바가 무엇인지, 자유주의가 평화적인 사회주의나 공동체주의의 변형물들과 결합할 필요가 있는지도 늘 논쟁의 대상이었다. 베트남 전쟁이 실패하고, 1968년 전 세계에서 더 정의로운 사회를 요구하는 학생운동이 일어나고, 또 미국이 다른 국가들과 마찬가지로 제국주의적인 의도를 갖고 있을 뿐만 아니라 유색인종에 대한 인종주의적 착취 위에 서 있는 국가라는 의혹이 제기되면서 해당 논쟁은 어느 때보다도 격화됐다. 현재 수많은 교과서들에는 간학문적 맥락 속에서 주목받았던 전후 자유주의 정치 이론들이 망라되어 있다. 1941년에 만들어진 시카고대학교의 사회사상위원회(Committee on Social Thought)라든지 1967년에 만들어진 국제정치사상연구학회(International Conference for the Study of Political Thought) 등이 대표적인 간학문적 기관이며, 여기에는 시카고대학의 레오 스트라우스(Leo Strauss)부터 UC 버클리의 셸던 월린(Sheldon Wolin)과 한나 피트킨(Hanna Pitkin)[1], 그리고 하버드대학의 존 롤스(John Rawls), 로버트 노직(Robert Nozick), 마이클 샌델(Michael Sandel)에 이르는 여러 대학에서 이뤄진 학자들의 연구 덕이 컸다.

사회 참여 지식인으로 변모한 유명한 정치이론가들의 목록은 지금도 광범위하게 유지되고 있다. 거기에는 노르베르토 보비오(Norberto Bobbio)와 위르겐 하버마스(Jürgen Habermas), 쥘리아 크리스테바(Julia Kristeva), 찰스 테일러(Charles Taylor) 등이 포함되며, 원래는 경제학자인 아마르티아 센(Amartya Sen)도 이 목록에 포함되어야 할 것이다. 그렇지만 아마도 정치 이론 분야에 있어 가장 주목할 만한 발전이라고 할 것은 장폴 사르트르(Jean-Paul Sartre), 시몬 드 보부아르(Simone de Beauvoir), 아인 랜드(Ayn Rand), 프란츠 파농(Frantz Fanon), 줄리어스 네레레(Julius Nyerere), 케이트 밀렛(Kate Millett), 말콤 X(Malcolm X), 구스타보 구티에레스(Gustavo Gutiérrez), 마틴 루터 킹(Martin Luther King) 등 상아탑 밖의 운동가들이 매우 중요해졌다는 점일 것이다. 이러한 인물들은 모두 교과서에서 찾아볼 수 있는 다양한 주의주장들, 즉 자유주의 및 신자유주의, 자유지상주의, 다원주의, 페미니즘, 다문화주의, 보수주의, 반제국주의, 공리주의, 무정부주의, 공화주의, 공동체주의 등에 기여한 바 있다. 이렇게 다양한 저작들에 담겨 있는 정치사상사에 대한 관점은 당연하게도 매우 광범위하며 지금 이 책 한 권으로 모두를 다루는 것은 불가능하다. 존 스튜어트 밀 이후 정치철학 분야에서 가장 중요한 연구라는 평가와 찬사를 받는 가장 영향력 있는 인물은 ― 존 스튜어트 밀과의 유사성이 힌트가 되기도 한다 ― 아무래도 존 롤스(John Rawls)이다. 롤스의 정치 이론이 해당 분야를 변화시킨데다 정치사상사에 대한 롤스의 접근이 특별히 영향력이 컸다고 평가받는 만큼, 롤스에 대해 충분히 살펴볼 필요가 있다.

롤스와 역사

1990년대 초 하버드대학의 세미나실에서 20세기의 가장

9. 존 롤스 (1921-2002)

위대한 정치철학자라고 평가받는 인물, 존 롤스에게 수업을 듣고 있다고 상상해보자. 롤스는 다양한 비판에 대한 응답으로서 그의 기념비적인 저작인 『정의론*A Theory of Justice*』(1971)을 수정하고 있다.

『정의론』은 정치철학의 종말이 널리 받아들여지던 시기에 처음 구상되었는데, 『정의론』의 출간은 당대의 분위기를 완전히 바꿔놓았다. 롤스는 상대주의 및 허무주의에 의한 혼란과 현대 공리주의 철학의 영향으로 법과 행위에 관한 협소한 정당화들만이 가득한 곳에 보편적 정의와 도덕성에 대한 칸트적 방식의 기념비를 세움으로써, 분열 속에서도 합의점을 찾아내고자 했다. 롤스의 『정의론』은 원초적 입장에서 기인한 가상적 사회계약으로 정당화될 수 있는 원칙을 논한다. 원초적 입장에서 사회 구성원들은 자신의 능력이나 계급, 종교, 지위, 장소 등을 알지 못하는 무지의 장막을 쓴다. 시민이 되고자 하는 사람들은 사상의 자유, 집회의 자유, 고문받지 않을 자유, 투표할 수 있는 자유, 재산을 소유할 수 있는 자유 등을 포함하는 동등한 자유의 원칙이 지켜지는 사회에 동참함으로써, 공정으로서의 정의를 추구하게 된다. 더 나아가, 무지의 장막을 쓴 시민들은 이차적으로 롤스가 '차등의 원칙'이라 부르는, 최소수혜자의 이득을 최대화되는 경우에만 불평등이 정당화된다는 원칙에도 합의하게 될 것이다. 롤스는 자신이 상정한 인간상은 형이상학 논의를 벗어난 것이며, 자신이 사회주의에 빠지지 않으면서도 사회 복지를 지지하는 자유주의를 가능하게 했고, 또한 자신의 이론이 보편적 의의를 지닌다고 주장했다.

아니나 다를까 롤스는 좌우파 양쪽에서 공격을 받았다. 우파로부터는 개인의 이익을 추구하는 힘을 경시한다는 비판을 받았고, 좌파로부터는 공동체의 중요성을 무시한다는 비판을 받았다. 더 일반적인 비판을 보자면, 롤스식의 칸트적 도덕 법칙이 보편적이라기보다는 북미적이며, 지구적 관점에서 정의를 논의한다기보다는 미국 헌법을 새로 쓰려는 시도에 가깝다는 비난이 존재했고, 롤스는 이를 반박하고자 했다. 다만 롤스는 자신이 특히 자유의 원칙과 평등의 원칙 간의 잠재적 충돌을 다룰 때 지나치게 추상적으로 논의를 진행한 것은 아닌지를 걱정했다. 이론적 검토를 넘어 최소수혜자의 이득을 고려하는 사회를 실제로 만든다는 것은 무엇을 의미할까? 나중에 롤스는 이런 불만들을 다루고자 했을 뿐만 아니라, 『정의론』에서 국제 관계가 간과되고 있다는 주장을 진지하게 받아들였다.

롤스는 이후 1993년에 출간되는 『정치적 자유주의Political Liberalism』의 기초를 형성하는 생각들을 학생들에게 제시하면서, 자신의 이론을 다듬기 위한 목적으로 정치사상사에서 다뤄지는 고전들을 다루기로 결심했다. 다시 세미나실에 있는 상상으로 돌아와보자. 롤스는 학생들에게 흄, 루소, 칸트의 현대판 번역 텍스트를 배부하면서 민주주의를 다루고 있는 부분을 찾아보라고 하고, 학생들에게 사상가들의 주장을 어떻게 생각하는지 물어본다. 롤스는 사상가들의 주장을 자신의 것과 비교하면서, 사상가들과 함께 민주주의라는 개념이 무엇을 의미하고 어떻게 작동하는지에 대한 대화를 나눈다고 가정해보자고 한다. 학생들은 자유에 대해서도, 정의에 대해서도, 마지막으로 평등에 대해서도 그렇게 대화를 진행해본다.

롤스는 역사적 철학자들의 주장을 각자 판단해보기를 요구하면서 특정한 질문들에 대해 칸트, 흄, 루소 중 누구의 입장을 지지할지 선택해보라고 한다. 롤스는 과거의 철학자들이 만일 다시 살아나 현대의 주요 논쟁들에 참여할 수 있다면 어떤 이야기를 할지에 대해서도 관심을 가지고 있다. 모든 말과 글이 정확한 롤스는 역사 속 인물들과 대화를 나누면서 주장을 세심하게 다듬어나간다. 롤스는 자유로운 사회에 대한 새로운 이론의 기틀을 잡고 있다. 자유로운 사회란 타인에게 좋은 삶에 관한 특정한 관념을 요구하는 결사체가 아니라, 사회 조직의 근본 원칙에 대한 합리적이고 이성적인 개인들의 동의에 근거한 사회이며, 그러한 사회 속의 개인들은 롤스가

'중첩적 합의'라 부르는 것을 함께 만들어낸다. 롤스보다 훨씬 더 야심에 찬 보편적 선언을 한 것으로 보이는 저술가들의 위대한 텍스트들을 읽고 토론하면서 학생들은 '반성적 평형(reflective equilibrium)'이라는 방법론에 동참하게 되며, 그를 통해 공정으로서의 정의에 대한 더욱 설득력 있고 섬세한 감각을 갖출 수 있게 된다.

다시 현실로 돌아와 생각해보자. 롤스는 정치사상사가 현재와 직접적으로 연관되어 있음을 증명한 것처럼 보인다. 마르크스주의자가 되지 않아도 마르크스주의의 유용함을 증명할 수 있다. 그렇다면 정치사상사라는 단어에 '사(history)'라는 글자가 들어간 이유가 정확히 무엇인지 의문이 생긴다. 저자들을 탐구할 때, 롤스는 그 사상에 관심을 두고 있지 역사에 관심을 두고 있지는 않았다. 흄, 루소, 칸트의 텍스트는 현재의 논의와 연관된 주장이 담겨 있을 때만 중요했다. 저자들은 역사와 무관한 방식으로 이해된다. 그들이 살던 시대에서만 설명될 수 있는 개념들은 더이상 유의미하다고 볼 수 없다. 텍스트를 면밀하게 들여다보려는 시도나 맥락에 대한 관심도 없다. 왜냐하면 우리에게는 출판물로 인쇄된 저자의 주장들이 있고, 그 이외에 필요한 것은 없기 때문이다. 저자의 생애나 저자가 살았던 시대에 대한 역사적 지식도 전혀 중요치 않다. 대신 롤스는 특정한 시대적 맥락으로부터 유리된 정치에 관한 철학적 주장들에 관심을 두었다. 그것들은 우연히 어떤 시기에 어떤 사상가에 의해 출판되었을 뿐이다. 텍스트에서 관심을 둘 수 있는 부분도 자연스레 적어지게 된다. 롤스의 수업에서는 과거에서 현재로 이어지는 지속적인 대화로 여겨질 정도로 오늘날에도 적용될 만한 주장들만이 관심의 대상이 될 수 있다.

롤스는 또한 자유로운 사회를 위한 필수요건이자 그가 자유주의라고 부르는 것의 기본 개념인 공적 이성(public reason)의 관점에서 역사적 사상가들 사이의 합의를 모색하고자 한다. 흄과 루소, 칸트가 주장한 자유에 대한 이론을 보강하기 위해, 그들이 만들어낼 법한 자유에 반대하는 논리를 가지고 사상가들을 심문하기도 한다. 롤스는 이런 방식으로 사상가들의 주장을 읽어나갔다. 롤스는 자신만의 자유주의적 전통을 따르는 주장을 형성했으나, 롤스에게 있어 자유주의적 전통의 존재가 의미하는 바는 그저 역사적 철학자들이 자유주의에 관심이 있었으며 그것에 귀를 기울일 필요가 있다는 것뿐이다. 현재가 특정 문화 혹은 역사적 전통에 의한 직접적 산물이라는 인식은 롤스에게는 아무런 의미가 없었다. 자유주의적 전통이 존재한다는 사실 역시 마찬가지였다. 롤스가 반복해서 강조할 정도로 그에게 중요한 것은 어떤 주장이 현재의 관점에서 바라보았을 때 얼마나 일관성 있고 존속 가능한지에 대한 것이었다.

정치사상사가에게 롤스 수업에 대해 상상한 내용을 이야기한다면, 실제로 롤스의 이론에서 역사가 차지하는 부분이 매우 적다는 대답을 듣게 될 것이다. 이미 눈치챘겠지만 텍스트에 대한 롤스식의 몰역사적 접근방식이 전 세계 대학들에서 정치사상을 가르치는 주된 방법이라는 점도 이야기해 줄 것이다. 한 철학자의 책을 펴고 특정 부분을 읽기만 하면 되는 아주 간단한 방법이기 때문이다. 학생 입장에서는 현재의 정치를 설명하는 데 오래된 책들을 직접 활용할 수 있다는 점에서 흥미롭기도 할 테다. 롤스식의 접근방식의 토대를 이루는 '공적 이성'은 설득력 있고 일관적인 주장을 찾아내기 위한 방법론에서 기인한 것이다. 특정 사회에게 주어진 정치적 선택지의 한계를 설정하는 역사나 문화, 그리고 기후와 같은 지리적 요소로 인해 어떤 곳에서는 잘 작동한 것이 다른 곳에서는 작동하지 않을 수 있으므로 자유나 그 밖의 것들에 대한 일반적 원칙은 존재할 수 없다는 몽테스키외의 관점은 기각되었다. 흄과 루소, 그리고 칸트가 몽테스키외의 신봉자였을 수 있다는 사실은 고려되지 않는다. 그들 모두 자유에 대한 보편적 원칙을 지지한 것으로 여겨지며, 그러한 보편적 원칙은 특정한 도덕이나 문화의 지지와는 독립적으로 존재하는 것으로 여겨진다. 그렇기에 귀기울일 만한 가치가 있는 것이다.

슈클라와 아렌트

롤스의 저명한 동료였던 주디스 슈클라(Judith Shklar)는 롤스의 친구이자 롤스가 흄, 루소, 칸트에 대한 저작을 읽기로 결정하는 데 중대한 영향을 끼쳤던 학자다. 슈클라는 롤스와는 달리 역사를 올바르게 이해하는 것이 중요하다고 생각했다. 슈클라는 여러 논문과 책을 통해 몰역사적인 이론은 자유주의를 거부하거나 자유주의란 제국주의적 독트린 — 북아메리카적 방식을 다른 사회들에 강요하면서 자유를 증진한다고 기만하며 초강대국으로서의 지위를 유지하려 하는 — 에 불과하다고 믿는 여러 문화권을 마주했을 때 실패할 수밖에 없다고 주장해왔다. 역사는 여러 독재 국가들과 독재자를 꿈꾸는 인물들로 더럽혀져왔다. 차별적이고 억압적인 사회부터 집단 학살을 자행하는 사회까지 그 종류도 다양했다. 자유로운 사회 역시도 쉽게 무너질 수 있고 불관용을 조장할 수 있음에도, 그동안 학자들은 정의에 관한 이론을 세우는 데만 골몰하며 잔혹하고 부당한 일들을 실제로 막는 데는 충분한 관심을 기울이지 못해왔다. 슈클라가 악이라 일컬었던 이런 끔찍한 일들은 이후 슈클라가 역사적으로 '공포의 자유주의(the liberalism of fear)[2]'라고 이름 붙인 사상에 큰 영향을 주었다.

슈클라가 보기에 자유와 자유주의를 위한 투쟁을 위해서는 역사적 텍스트 분석을 통해 만들어진 도구들을 제대로 갖추고 있어야 했다. 한 사회가 기반을 두고 있는 근본적 원칙이나 권리가 무엇이든 간에, 잔혹함과 박해는 고대와 근대를 가리지 않고 모든 사회에 존재하기 때문이다. 자유를 위해서는 권력에 대항해 진실을 말할 수 있고 정부가 직시하기를 거부하는 불의를 알아볼 수 있는 자유의 수호자가 필요하다. 권력은 분산되어야 하고 권력 간 균형이 유지되어야 한다. 한때 제한되었던 권력도 과도하게 행사되거나 남용되지 않도록 계속해서 견제되어야 한다. 슈클라가 언급하기도 했던 권리에 대한 개념 차이가 좋은 예시가 될 수 있을 텐데, 유럽에서의 권리 개념이 자유의 범위만 다루고 있다면, 미국에서의 권리 개념은 타인, 특히 다른 인종과의 충돌을 염두하고서 정의되었다.

슈클라의 접근방식은 롤스와는 달라 보이지만 사실 주요한 공통점이 있다. 두 학자 모두 역사 연구를 하는 주된 이유가 지금 현재 자유로운 사회를 만들어내는 데 있다고 보았다. 그러므로 그들의 연구 대상은 자유의 상실과 회복, 유지 등을 다룬 텍스트였다. 또한 정치 이론화 작업에 있어 중요한 것은 정전(正典)에 해당하는 책을 쓴 저자들의 주요 문헌을 읽는 것이다. 그동안 이유 없이 주목받지 못한 새로운 인물이 당장 중요한 의의를 지닌 주장을 한 것으로 드러나 정전(正典) 목록에 정당하게 추가되는 일이 벌어지지만 않는다면 말이다. 정치사상사는 일종의 대화로, 즉 서로 다른 입장을 가진 사상가들 간의 영원한 토론으로 이해된다. 슈클라에게든 롤스에게든, 현재의 문제들에 대해 루소, 몽테스키외, 헤겔이 어떤 의견을 가졌을지 질문을 던지는 일은 충분히 할 법한 일이었다. 과거에 그들이 취했던 철학적 입장에 근거해 그들의 입장을 도출해낼 수 있기 때문이다. 이러한 슈클라의 접근방식도 학생들에게 인기가 많았다. 슈클라는 수업에 들어온 학생들에게 과거와 현재를 연결해야 할 필요성에 대해 강조했다. 중용을 지키는 자유주의적 주체를 양성한다는 목표 아래에서 학생들은 텍스트를 독해하고, 기본적으로 매우 유동적이면서도 개인주의적인 정치사상사에 대한 자신만의 관점을 형성할 것을 요구받았다.

슈클라는 다른 텍스트를 통해 하나의 텍스트를 독해하는 것이 가능하고, 우리는 모두 현상을 이해하는 기존의 해석적 렌즈의 제약을 받을 수밖에 없으며, 철학은 문자로 남겨진 과거에 대한 영원한 자기비판 작업이라 믿었다. 정치사상사에 있어 중요한 것은 현재의 우리가 정치적 위험, 특히 테러나 집단 학살이 재발하게 될 가능성을 제대로 이해하는 데 도움

10. 한나 아렌트 (1906-1975)

을 줄 만한 개념들을 만들어내는 것이었다. 이러한 접근방식은 한나 아렌트의 방식과 동일했다.

아렌트는 1924년부터 1929년까지 마르부르크에서 마르틴 하이데거(Martin Heidegger)의 지도 아래 공부했으며, 카를 야스퍼스(Karl Jaspers)와 함께 하이델베르크에서 학위 논문을 썼고, 독일 시오니스트 단체에 참여했으며, 나치를 피해 망명하던 중 프랑스 수용소를 거쳐 미국으로 이주하였다. 아렌트는 1951년 출간된 책『전체주의의 기원The Origins of Totalitarianism』으로 명성을 얻게 된다.

아렌트는 전체주의를 포괄적으로 정의했다. 아렌트는 현대 정부가 수많은 대중을 공포에 떨게 하는 새로운 방식에 대해서뿐만 아니라, 인종적 우월성과 제국주의 통치 관행에 근거해 희생을 정당화하는 관료제의 역량에 관한 내용을 중점적으로 언급했다. 아렌트는 유명한 책『인간의 조건The Human Condition』(1958)에서 현대 정치가 지닌 위험성에 대한 해결책으로 사교성(sociability)과 사랑, 정치적 행동주의의 형태를 제시했다.『인간의 조건』에서 아렌트는 플라톤부터 마르크스에 이르는 서양 철학이 정치적 행위보다 작업(work)[3]에 더 가치를 두었다는 점을 지적했다. 정치의 공적 공간이 부재했던 프랑스혁명은 사회 구조에 대한 논의에 함몰되어 끔찍한 결과로 이어졌고, 자유에 초점을 맞췄던 미국

혁명은 그렇지 않았다. 현대 공화국에서 자유가 너무나도 쉽게 상실될 수 있다는 것도 아렌트가 주장하고자 하는 바 중 하나다. 아렌트가 보기에 정치사상사의 기능은 지금 현재 벌어지고 있는 상황들에 직접적으로 적용할 수 있는 일반적인 예시들을 제공하는 것이다. 프랑스혁명과 미국혁명을 대조했던 것처럼 말이다.

레오 스트라우스와 스트라우스주의

학생들이 고전 텍스트를 면밀하게 들여다봄으로써 자신만의 사상을 형성할 수 있게 되는 등, 정치사상사가 인격을 형성하는 역할을 할 수 있다는 슈클라와 아렌트의 관점은 다른 독특한 접근방식에서도 발견된다. 지금부터 살펴볼 관점은 독일에서 기원하며, 레오 스트라우스의 영향을 받은 것으로서 스트라우스주의라 불린다. 스트라우스는 제1차세계대전 때 독일군으로 참전했으며, 함부르크대학에서 철학을 공부했다. 그의 지도교수는 저명한 계몽주의 사상가인 에른스트 카시러(Ernst Cassirer)였다. 최대한 빨리 나치를 피해 망명해야겠다고 생각했던 스트라우스는 처음에는 영국의 케임브리지대학으로 갔다가 해롤드 라스키(Harold Laski)와 R. H. 토니(R. H. Tawney)의 도움으로 미국에서 교수 자리를 얻었다. 1944년에 미국 시민이 된 스트라우스는 시카고대학교에서 정치사상사에 대한 자신만의 연구방식을 발전시켰다.

스트라우스는 『박해와 저술기법*Persecution and the Art of Writing*』(1952)을 통해, 그가 1930년대 후반 마이모니데스(Maimonides)를 연구하며 처음 체계화한 비의적 글쓰기(esoteric writing)[4]이라는 개념을 영어권 독자들에게 제대로 전달했다. 스트라우스는 1938년과 1939년에 제이콥 클라인(Jacob Klein)에게 보낸 편지에서 자신이 이뤄낸 해석상 진전을 언급하며, 헤로도토스 역시 비의적으로 글을 썼으며, 다양한 저자들이 오랜 시간 동안 서로를 언급하는 구절들 간의 비의적 상호연관성을 밝혀냄으로써 기존 플라톤주의에서 찾아볼 수 없는 플라톤의 모습을 발굴해낼 수 있을 것이라 주장했다. 1939년 11월에 클라인에게 쓴 편지에서 스트라우스는 '고대인들이 얼마나 오해받고 있는지 이제야 알 것 같다'고 썼다. 스트라우스는 플라톤의 『파이드로스*Phaedrus*』에 나오는 소크라테스처럼, 독자들이 스스로 질문을 던질 수 있게끔 하는 글쓰기 방식을 고수했다. 그후 『자연권과 역사』(1953)』가 출간되었고, 즉시 고전이 되었다. 스트라우스는 그밖에도 아주 많은 책을 썼는데, 특히 영향력 있는 책으로는 『마키아벨리*Thoughts on Machiavelli*』(1958)[5], 『도시와 인간*The City and Man*』(1964) 등이 있다.

스트라우스는 친구를 만드는 데 재능이 있었다. 그뿐만 아니라 훌륭한 학생들을 매료시키고 다른 이들에게 지도받은 젊은 학자들에게 영향을 주는 데에도 재능이 있었다. 그 덕에 스트라우스는 정치사상사와 철학 연구에 대한 일반적인 접근방식을 공유하는 하나의 학파를 만들 수 있었다. 스트라우스주의자들 간의 의견 충돌이 발생할 때도 있었지만, 그들은 모두 질문을 던짐으로써 가르쳐야 한다는 것에 대한 확신을 공유했다. 질문을 던짐으로써 학생들과의 대화가 이루어지고, 학생들은 대화를 통해 깨달음을 얻게 되는 지적 여정을 시작하게 된다. 때로는 이런 일이 특정한 역사적 텍스트의 의미에 대한 입장을 정하는 것보다 훨씬 중요한 것으로 간주된다. 스트라우스의 또다른 매력은 의심할 여지 없이 그의 유머 감각이었다. 스트라우스의 유머에는 진지하거나 심지어는 비극적인 지점을 우스꽝스럽게 만들어버리는 방식, 즉 스트라우스가 『소크라테스와 아리스토파네스*Socrates and Aristophanes*』[6]에서 '희극적 대응물(comic equivalent)'이라 불렀던 방식에 대한 관심이 반영되어 있었다.

　스트라우스는 텍스트의 저자로서 철학자들이 세 가지 역할을 수행한다고 믿었다. 첫번째는 사회 구성원들에게 안정적인 시스템 속에서 살고 있으며, 그것이 지속될 가능성이 높다고 안심시켜주는 역할이다. 이러한 메시지는 현재의 사회질서를 지지하는 것이 잘 드러나는 대중적(exoteric) 글쓰기를 통해 전달될 수 있다. 예를 들면, 전후 미국에서 대중적인 글을 쓰는 철학자들은 민주주의와 인권을 옹호하는 경우가 많았다. 철학자들이 수행하는 또다른 역할은 앞의 것과 전혀 다르면서 덜 드러나는 것이다. 텍스트의 '행간을 읽어야' 비의적 글쓰기를 발견해낼 수 있으며 이는 곧 저자의 진정한 의도를 발견하는 것을 의미한다. 텍스트에 숨겨진 메시지를 해독함으로써 당대 사회에 대한 저자의 좀더 비판적인 입장을 포착해낼 수 있다. 이를 통해 시대를 초월한 위대한 지성들 간의 더욱 웅장하고 장기적인 대화가 시작된다. 그러므로 모든 학자의 가장 중요한 임무는 주어진 텍스트의 비의적 의미를 해독하고, 다른 위대한 철학자들이 남겨놓은 비의적 주장들과의 연관성을 밝혀내는 것이 된다.

철학자의 세번째 역할은 교육적인 것이다. 철학자들은 독자들을 놀라게 할 것을 알면서도 일부러 자신의 연구에 모순을 더한다. 그를 통해 독자들을 교육하고 그들이 각자의 의견을 형성하며 원래 갖고 있던 의견을 넘어서는 것을 도울 수 있다. 모순이 가미된 텍스트를 독해하는 것의 목표는 무엇보다도 정신을 교육하고 장차 시민이 될 사람들을 계몽하는 것이었다. 그 어떤 철학적 입장도 영원히 참이거나 영원히 존속될 순 없다. 그렇기에 이를 깨닫고 정치의 원리와 실행에 관한 더 깊이 있는 지식을 습득한 지성인을 키워내는 것은 어느 사회에서나 중요한 일이다. 스트라우스는 그러한 인물들을 '제1 철학(first philosophy)'의 주창자라 불렀다.

스트라우스는 줄곧 정치사상사 연구를 해온 예비 철학자들에게 이러한 방법론을 설파했을 뿐만 아니라, 비의적 전통을 재발견하는 것으로부터 얻을 수 있는 이점을 분명히 밝혀왔다. 여기서 스트라우스가 재발견이라는 단어를 사용했다는 점을 짚고 넘어갈 필요가 있다. 그는 서구 사회가 철학적으로 쇠퇴하고 있다고 확신하고 있었다. 그가 보기에 서구 사회는 선조들이 대중들의 눈에 띄지 않게 숨기면서 세워낸 비판적인 철학적 도구들로 성취해낸 것들을 망각하고 있었다. 스트라우스의 비판을 통해 이뤄낸 첫번째 진전은 현대 자유주의의 베일 이면을 들여다보는 것이었다. 고대에 자유를 사랑했던 사람들은 탁월함을 추구했다. 하지만 현대에 와서 보편적 자유에 대한 갈망은 필연적으로 상대주의적인 면을 가진데다 허무주의적인 것으로 변모할 위험도 있었다. 나치즘이나 볼셰비즘의 형태로 발전할 수 있었을 뿐만 아니라, 스트라우스가 미국의 현대적 삶의 모습을 묘사할 때 언급했던 가짜 평등주의적 쾌락주의의 형태로도 나타날 수 있었다.

스트라우스는 자유주의를 통해 현대 사회를 이해하려고 할 것이 아니라, 완전히 새로운 관점을 발전시킬 필요가 있다고 가르쳤다. 스트라우스가 제시한 관점은 이성과 계시[7]의 차이에 근거한 것으로, 이러한 차이는 스트라우스가 아테네와 예루살렘의 갈등에 비유하기도 했는데 어느 쪽도 전적으로 승리할 수 없는 영원한 투쟁에 관한 것이었다. 스트라우스는 근대 철학이 사실과 가치를 구분하는 것과 같은 잘못된 관념을 옹호함으로써 쇠퇴하고 있다고 주장했다. 실제 정치는 자의적이고, 곡해되고, 흔히 기만적인 면이 있는데도, 그런 식의 구분 탓에 사람들은 현대 사회의 판단이 지닌 과학적이고 경험적인 속성을 지나치게 확신하게 된다. 과거의 텍스트를 분석하고 현재에 관한 대안적인 역사를 재구성하는 것을 통해 학생들은 진보, 과학, 근대적 우월함에 대한 잘못된 가정들로부터 해방될 수 있다.

스트라우스는 텍스트 분석을 통해 비의적 의미를 찾고자 할 때 특정한 단어가 얼마나 많이 사용되었는지, 글이 몇 개의 장으로 나뉘어 있는지를 살펴봤다. 그에게는 수비학(numerology)이 중요했다. 이런 점이 스트라우스 독해를 어렵게 만든다. 스트라우스 본인도 당연히 비의적인 방식으로 글을 쓰며 동시대와 미래의 위대한 지성들과의 교류를 기대한 것이 분명했다. 스트라우스의 책 대부분은 요약으로 되어 있는데, 이는 스트라우스가 젊은 시절 흠뻑 빠져 공부했던 이슬람 철학자들, 예를 들면 아비첸나(Avicenna, Abu 'Ali al-Husayn ibn Sina, 980-1037)나 아베로에스(Averroes, Ibn Rushd, 1126-

1198)의 테크닉을 따라 한 것이다. 하지만 요약으로만 그쳤던 것은 아니고, 뭔가를 생략하거나 독특한 방식으로 문단을 재구성하기도 했고, 독자 스스로 탐구하고 발전해야 한다는 코멘트를 남기기도 했다.

스트라우스의 책『마키아벨리』(1958)에 실린 각주들[8]이 하나의 예시가 될 수 있다. 이 책은 저명한 스트라우스주의자인 하비 맨스필드(Harvey C. Mansfield)가 마키아벨리를 연구할 때 지침서로 직접 해독하기도 했던 책이다. 맨스필드에 따르면, 스트라우스가 직접적으로 언급한 적은 없지만 그가 텍스트 속에 남겨둔 비의적 단서들을 통해『군주론』과『로마사논고』를 같이 놓았을 때 '형상(form)'이라는 용어가 14번 사용되고, '질료(matter)'라는 단어가 51번 사용된다는 점을 알 수 있다고 했다.[9] 스트라우스 학파의 일원이라면 이러한 용어가 고대 철학에서 자연을 의미하는 피시스(physis)와 관습, 법률, 풍습을 의미하는 노모스(nomos)에 관한 논의와 연관되어 있음을 상징하고 있다는 것을 알아챌 수 있다. 14라는 숫자는 7의 배수이고, 숫자 7은 노모스(nomos)를 상징한다. 51이라는 숫자는 17의 배수이고, 숫자 17은 피시스(physis)를 상징한다.

이러한 숫자들을 통해 우리는 마키아벨리가 피시스(physis)에 저항하는 입장을 취하고 있었음을 알 수 있다. 즉,

정치학에 실재하는 본질(essence)은 없으며 운(fortune)[10]은 각자의 운명을 장악하고 있는 인간들에 의해 제어될 수 있다고 보는 입장이었다는 뜻이다. 노모스와 피시스라는 용어가 언급된 횟수를 더하면 65, 즉 13으로 나누어떨어지는 수가 된다는 점에서 위와 같은 주장이 마키아벨리가 의도적으로 남겨놓은 내심이었다는 점이 더욱 분명해진다. 13은 마키아벨리의 고유한 숫자이며, 13이라는 숫자를 통해 마키아벨리는 자신의 관점이 텍스트에 반영되어 있음을 드러내고 있는 것이다. 맨스필드의 주장에 따르면, 이러한 증거들은 『군주론』과 『로마사 논고』가 연관된 주장을 펼치며 동일한 지적 사명을 공유하고 있는 하나의 책처럼 다뤄져야 할 필요성을 보여준다.

스트라우스에 따르면, 마키아벨리가 몰두했던 것은 자연을 인간의 의지에 복종시킴으로 길들 수 있는 임의적 힘인 운(fortune)을 인간이 장악하는 것이었다. 이처럼 철학적 주제로서의 자연으로부터 멀어지는 경향은 프란시스 베이컨과 토머스 홉스, 그리고 인간 성취의 주요한 부분으로서 자연을 통제하는 노동을 찬미함으로써 중요한 지적 전환을 이뤄낸 존 로크를 포함한 모든 근대 철학자들로 이어진다. 스트라우스는 이처럼 자연을 부정하는 것이 상대주의로 이어지는 것을 우려했고, 모든 인간 믿음의 자연적 토대를 거부하는 데서

20세기 전쟁의 공포의 기원을 찾을 수 있다고 생각했다. 그래서 철학의 균형을 다시 잡아야 했다. 너무 원대해 보이는 목표이지만, 어떤 것의 정체가 무엇이고 어떤 기능을 하는지를 묻는 소크라테스식 문답법으로 되돌아감으로써 실현될 수 있었다. 스트라우스는 위험할 정도로 오만하게 비치는 현대 자유주의의 상투적 문장들에 도전하기 위해 고대로 돌아가야 한다고 주장하며, 근대인들이 흠모하는 자연을 통제하는 적극적 삶의 방식을 피할 수 있는 다양한 삶의 방식을 지지한다고 밝혔다.

스트라우스는 정치사상사의 크고 작은 인물들을 재해석했다. 그가 보기에 근대인들은 지혜로부터 멀어져 왔으며, 그중에서도 특히 좋은 삶의 본질에 관한 고대인들의 지혜를 외면하고 있다. 정치에 있어 단 하나의 진실이란 것은 존재할 수 없으며 — 이것이 근대 사회과학이 빗나갈 수밖에 없는 이유이다 — 오직 진실을 찾아가는 과정을 통해서만 정치적 중용과 지식을 얻을 수 있다. 스트라우스의 영향력과 매력은 그 추종자들의 저명함과 다양성을 통해 확인할 수 있다. 동부와 서부로 나누어 봐야 할 정도로 수도 많을뿐더러, 정치사상사가인 해리 자파(Harry V. Jaffa), 스티븐 스미스(Steven B. Smith), 토머스 팽글(Thomas M. Pangle)과 스트라우스 학파의 정식 멤버라고 할 수 있는 철학자들인 스탠리 로젠(Stanley Rosen), 하인리히 마이어(Heinrich Meier), 그리고 저명한 문화 비평가인 앨런 블룸(Allan Bloom)에 이르는 유명한 인물들이 모두 스트라우스주의자에 속한다.

제 5 장

케임브리지학파

영국 정치사상 연구의 기원

정치사상사에 있어 소위 케임브리지학파라 불리는 집단은 학자들 사이에서 가장 영향력 있는 집단이다. 그들은 형편없는 역사학을 선전한다는 이유로 마르크스주의적 접근방식을 거부한다. 케임브리지학파를 구성하는 거의 모든 요소는 논쟁의 대상인데, 위에서 '소위'라는 단어를 쓴 데서 알 수 있듯 명칭마저도 그렇다. 케임브리지학파를 설명하는 일이 복잡한 이유는 그것이 다양한 관심사와 커리어를 갖고 있는 세 명의 학자의 연구 산물로서 이해되고 있기 때문이다. 그 셋은 바로 존 포콕(John Pocock), 퀜틴 스키너(Quentin Skinner), 그리고 존 던(John Dunn)으로, 그들은 1960년대에 모두 따로 또

같이 정치사상사가 어떻게 방법론을 갖춘 하나의 분야가 될 수 있을지에 대한 사상을 발전시켰다. 케임브리지학파라는 명칭은 세 명 모두 케임브리지대학교와 연관되어 있다는 사실에서 비롯됐다. 그들이 무엇을 새롭게 발견했으며, 왜 기존과 다른 연구 방법을 추구했는지를 이해하기 위해서는 영국 전반의 정치사상사, 그리고 케임브리지대학 내에서의 정치사상사를 간단히 돌아볼 필요가 있다. 이는 자유주의의 역사와 연관되어 있으며, 이는 곧 자유주의를 논할 때 빠질 수 없는 국가인 영국의 역사와도 관련되어 있다는 것을 의미한다.

대부분의 자유주의자들은 ─ 19세기 초부터 스스로를 호명하기 위해 이러한 명칭을 썼던 사람들은 ─ 다양한 사회 형태에 영국 헌법을 조금씩 바꿔 적용하면 질서와 자유를 유지할 수 있으리라 생각했다. 이상적으로는 오스트리아, 프로이센, 러시아 간의 신성동맹의 특징이었던 기독교적 광신주의나 프랑스혁명을 망쳐버린 시민들의 폭력에 의존하지 않고도 자유주의적 헌법이 정착될 수 있으리라 생각했다. 안루이즈 제르멘 드 스탈(Anne-Louise Germaine de Staël), 뱅자맹 콩스탕(Genjamin Constant), 시몽드 드 시스몽디(Simonde de Sismondi)와 같은 저명한 자유주의자들 모두 정치의 역사적 형태들이 현재에 줄 수 있는 교훈에 집착했다. 부패를 피하는 법, 민족주의, 상업적 제국주의 등에 대한 고찰은 자유주

철학의 중심주제가 되었고, 그러면서도 질서를 유지하고 경제 발전을 담보할 수 있을 정도의 충분한 사회적 위계는 계속해서 유지되었다. 영국스러움이 없는 영국은 자유주의에 대한 흔한 정의 중 하나였다.

동시에 프랑스혁명은 새로운 인간과학의 탄생을 불러왔다. 처음에는 자유를 향한 열정에 사로잡혀 휘청거리던 여러 극단주의자들은 절제하는 법과 분열을 피하는 법을 가르칠 수 있는 교육적 기획에 관심을 두기 시작했다. 다른 한편으로 새뮤얼 테일러 콜리지(Samuel Taylor Coleridge)와 윌리엄 워즈워스(William Wordsworth) 같은 시인들은 국민들이 정부에서 직접적인 역할을 하는 것에 반대하는 입장으로 돌아섰다. '악당을 정직하게 만들어줄' 수 있는 파놉티콘 감옥을 거절했다는 이유로 영국의 중상주의를 비난하기도 했던 제러미 벤담(Jeremy Bentham)은 정치적 전략에 관한 학문을 구축해야 할 필요가 있다고 확신했다. 벤담은 그러한 학문을 통해 향후 입법가가 될 사람들이나 정치인들에게 최대 다수의 공공선을 지향하는 공리주의적 법률을 제정하는 방법을 가르칠 수 있으며, 더 나아가 그렇게 만들어진 법률을 잘 지킬 수도 있다고 생각했다.

19세기 초는 다양한 프로젝트의 시기였다. 혁명의 끔찍한 폭력이 재발하지 않는 한, 국가 운영자들의 목표는 자유와 번영이었다. 더 많은 인구를 교육해야 한다는 새로운 관심사가 생겨나면서, 여러 대학들이 새로 생겨났고 새로운 여러 학문 분과가 신설되었다. 다양한 시기에 여러 장소에서 정치사상사는 하나의 독립적인 학문 분과가 되었다. 새롭게 분리된 연구 분야들에서, 역사가 인간과학을 구성하는 학문 중 정확도가 떨어지고 객관적이지 못하다는 이유로 역사로부터 거리를 두려는 움직임도 있었다. 가장 중요한 대표적 사례는 정치경제학이었다.

데이비드 리카도(David Ricardo)를 비롯한 수많은 정치경제학자들은 여러 가지 이유로 스미스가 마련해놓았던 역사적 기초 작업과 단절했다. 리카도는 철학 면에서 급진주의자였고, 그래서 벤담과 유사한 면이 있었다. 벤담식 공리주의는 역사를 거부한다고 알려져 있기도 한데, 리카도를 비롯한 지지자들이나 존 오스틴(John Austin) 같은 법률가들은 기하학에 기반한 새로운 학문을 만들어내고 싶어했기 때문이다. 한편 조지 그로트(George Grote)나 존 로벅(John Roebuck)과 같은 벤담의 다른 추종자들은 정치학 연구의 근간은 역사가 되어야 한다고 고집하기도 했다. 벤담의 가장 중요한 제자인 제임스 밀(James Mill)은 역사와 기하학 사이에서 타협을 추구했다. 결과는 팽팽한 긴장이었다. 정치학은 한편으로는 입증된 사실들에 기반을 두고 있으며, 기본이 되는 원칙들과 본질

상 자명한 진리가 존재하는 학문이다. 다른 한 편으로는 평가
적이고 상대적 속성을 지닌 지식들의 창고이자, 역사적 사례
들을 면밀히 들여다봄으로써 현재 정치가 가야 할 방향을 도
출해낼 수 있는 철학이기도 하다. 이러한 두 관점 간의 대립
은 오늘날의 정치학 연구의 특징이기도 하다.

19세기를 지나며 정치사상사를 정치학의 하위 분과로 다
루는 대학 수업들이 매우 많아졌고, 그러한 강의들이 책으로
출판됐다. 그중에서도 유럽 전역에 큰 영향을 준 책은 카스파
블룬칠리(Johann Caspar Bluntschli)가 뮌헨대학교와 하이델베
르크대학에서 했던 강의를 엮어낸 책으로, 총 3권으로 이루
어져 있는 『국가 이론*Lehre vom modernen Stat*』이었다. 블룬칠리
는 베를린대학교의 프리드리히 카를 본 사비니(Friedrich Carl
von Savigny)의 제자였다. 로마법을 전공한 탁월한 역사가였
던 사비니는 나폴레옹 법전(Code Napoléon)과 같은 방식으
로 법률을 보편화하려는 시도나 독일 전역의 법규를 하나로
통합하고자 하는 시도에 반대했다. 사비니에게 있어 법률이
란 민족 정신(Volksgeist)을 반영하고 있어야 하며, 특정한 공
동체의 법률에 대한 역사적 이해에 부합하는 방식으로 조정
되어야 하는 것이었다. 정치학 역시 자명해서는 안 된다고 생
각했다. 법을 통해 명시된 권리의 구체적 내용과 지역의 역
사적 관행에 따라 해석되는 방식 사이의 간극이 존재하기 때

문이다. 블룬칠리는 이러한 사비니의 관점을 공유했다. 스위스의 자유주의적 공화주의자로서, 그는 『국가 이론』을 통해 1848년 혁명이 자유주의적 유럽을 건설하는 데 실패한 이유를 밝히고자 했다. 동시에 그는 시민적 자유를 보장하고 법치에 따라 운영되는 국가(Rechtsstaat)를 만들어내기 위해 혁명 대신 택할 수 있는 전략이 무엇인지에 대해서도 탐구했다.

블룬칠리의 책은 정치철학, 법학, 정치학 강의의 교과서가 되었다. 예를 들자면, 1870년대부터 케임브리지대학의 필수 수업인 정치철학의 원리와 일반 법학 수업에서 교과서로 사용되었으며, 1880년대에는 정치학 필수 수업에서, 1890년대에는 비교정치학 강의에서, 1910년대에는 정치학 강의에서 사용되었다. 이러한 강의들은 1930년대에 정치사상사와 근대 국가 이론(The History of Political Thought and The Theory of the Modern State)이라는 이름으로 열렸던 강의의 전신이 된다. (1951년부터는 해당 강의명이 근대 국가 이론(Theories of Modern State)으로 바뀌었다.)

케임브리지대학에서 정치사상사 연구가 정치학의 세부 분야로 자리잡는 과정에서 주요한 역할을 한 것은 휘그파와 자유주의자들이었다. 그 선두에는 1869년부터 죽을 때까지 근대사 흠정교수(Regius professor)로 재직했던 존 로버트 실리(John Robert Seeley, 1834-1895)[1]가 있었다. 실리는 『잉글랜드

의 확장*The Expansion of England*』(1883)을 쓴 학자로, 제국을 하나
의 발전으로 바라보는 자유주의적 관념을 지지했다. 역사와
현재의 정치가 직접적으로 연결되어 있다고 생각했던 실리
의 관점에서는, 1880년대에 정치학을 전공하는 학생이라면
반드시 다음과 같은 책들을 읽어야만 했다. 그것들은 블룬칠
리의 책과 1861년에 첫 출간된 헨리 제임스 섬너 메인(Henry
James Sumner Maine)의『고대법: 사회 초기 역사와의 연관 및
근대적 관념과의 관계*Ancient Law: Its Connection with the Early History
of Society and its Relation to Modern Ideas*』,[2] 1882년에 출간된 허버트
스펜서(Herbert Spencer)의『사회학 원리의 5장으로서의 정치
제도*Political Institutions, being Part V of the Principles of Sociology*』, 1846년
에 출간된 조지 그로트(George Grote)의『그리스의 역사*History
of Greece*』그리고 1854년부터 출간되기 시작한 테오도어 몸젠
(Theodor Mommsen)의『로마사*History of Rome*』[3] 등이다.

　　1910년대가 되면, 정치학을 수강하는 학생들은 아리스토
텔레스와 홉스의 주요 저작들뿐만 아니라 또다른 주요한 자
유주의적 인물인 헨리 시즈윅(Henry Sidgwick)의『유럽 정치
체의 발전*Development of the European Polity*』을 읽었고, 더욱 근대
적인 작품으로는 제임스 밀, T. H. 그린(T. H. Green), 버나
드 보전켓(Bernard Bosenquet)의 저작『국가의 철학적 이론*The
Philosophical Theory of the State*』(1899) 등을 읽었다. 이때부터 정치

사상사 자체에 특별히 전념한 연구들이 등장하기 시작했다. 1901년에 존 네빌 피기스(John Neville Figgis)는 『정치사상: 제르송부터 그루티우스까지 *Political Thought from Gerson to Grotius*』를 출간했다. 피기스는 책에서 가톨릭 공의회의 지지자이자 파리대학의 총장을 맡기도 했던 장 제르송(Jean Gerson, 1363-1429)을 헌정주의 역사의 토대를 닦은 인물이라며 극찬했다. 뒤이어 어네스트 바커(Ernest Barker)는 1906년에 『플라톤과 아리스토텔레스의 정치사상 *The Political Thought of Plato and Aristotle*』을, 1915년에는 『영국의 정치사상: 허버트 스펜서부터 현재까지 *Political Thought in England from Herbert Spencer to the Present Day*』를 출간했다. 그리고 같은 해, H. W. C. 데이비스(H. W. C. Davis)[4]는 『하인리히 폰 트라이치케의 정치사상 *The Political Thought of Heinrich Von Treitschke*』을 출간했다. 바커의 제자 해롤드 라스키(Harold Laski)는 1920년에 『영국의 정치사상: 로크부터 벤담까지 *Political Thought in England from Locke to Bentham*』를 출간했다. 정치사상사는 이제 학문적 연구와 교육에 있어 중요한 부분이 되었다. 정치사상사를 자신들의 전유물로 만들기 위한 좌파와 우파 간의 다툼도 있을 정도였다.

케임브리지대학에서 정치사상사를 공부한다는 것

제2차세계대전 이후 케임브리지대학에서 정치사상사 분과는 계속해서 주목을 받고 있었다. 월터 울만(Walter Ullmann)은 중세 정치사상을 강의하며 1949년에 『중세 교황 제도: 중세 교회법학자들의 정치 이론*Medieval Papalism: The Political Theories of the Medieval Canonists*』이라는 책을 출간했다. 1939년부터 정치학과 교수로 재직했던 D. W. 브로건(D. W. Brogan)은 프랑스와 현대 미국의 사상사에 중점을 두고 연구했다. 던컨 포브스(Duncan Forbes) 역시도 1947년부터 케임브리지대학에서 근대 정치사상을 가르쳤는데, 그의 강의는 헤겔과 19세기 독일 지성사에 초점을 맞추고 있다는 점에서 독특했다. 1960년대 초 졸업을 앞둔 학생들을 대상으로 스코틀랜드 계몽주의를 주제로 특강을 연 것도 포브스의 획기적인 기획이었다. 당시 학부생이던 퀜틴 스키너(Quentin Skinner), 존 던(Joh Dunn), 그리고 니콜라스 필립슨(Nicholas Phillipson)이 바로 이 강의를 들었다.

여러 인물 가운데, 케임브리지대학에서 누구보다도 영향력 있는 인물은 바로 피터 라슬렛(Peter Laslett)이었다. 1940년대 말, 라슬렛은 로버트 필머의 연구를 엮은 『부권론과 그 밖의 정치적 글들*Patriarcha and Other Political Writings*』을 출간하였다. 라슬렛은 존 로크(John Locke), 알제넌 시드니(Algernon

Sidney), 윌리엄 페팃(William Petyt), 헨리 네빌(Henry Neville) 등 여러 저술가들이 필머를 읽고 내놓은 다양한 관용적 답변들에 대한 연구로 넘어갔고, 그러한 연구 내용은 라슬렛이 편집한 로크의 『통치론*Two Treatises*』[5]에 담겨 1960년에 출간되었다. 라슬렛은 텍스트의 출판 기록과 저자의 의도를 면밀히 조사하면 텍스트에 담긴 의미를 재구성해낼 수 있다는 확실한 증거를 제시했다. 라슬렛은 필머의 『부권론*Patriarcha*』이 다른 저작에 비해 먼저 쓰였음에도 불구하고, 그가 죽은 이후인 1679년과 1680년 사이에 출간되었다는 것을 밝혀냈다. 정치사상의 고전이라 할 수 있는 로크의 『통치론』은 그동안 1689년부터 인쇄된 책이 돌아다니기 시작했다는 이유로 (표지에는 출간연도가 1690년이라고 쓰여 있지만) 그동안 명예혁명을 옹호하기 위한 책으로 알려져 있었으나, 실제로는 로크가 속한 휘그파가 스튜어트 왕실에 대항한 폭력 행사를 고민하고 있던 1681년 즈음에 작성되었다고 보는 것이 타당했다. 라슬렛은 맥락화의 미스터리(the mystery of contextualization)라고 불렸던 것을 밝혀낸 셈이다.

정치사상사에 대한 새로운 접근법을 장려하기 위해 많은 일들을 했던 라슬렛이 정작 나중에 가서는 정치사상사라는 주제를 버렸다는 점은 흥미로운 사실이다. 그는 일찍이 1958년부터 케임브리지에서 가르치는 일에 대해 불평해왔다. 그는 정치사상사와 근대 국가 이론(The History of Political Thought and The Theory of the Modern State) 강의가 학부생들에게 '플라톤과 아리스토텔레스, 아퀴나스, 홉스, 로크, 루소, 버크, 마르크스, 그리고 그 밖의 여러 거장들이 사회에 대한 경험적이고 이론적인 연구를 무엇보다도 중요하게 생각했다'고 가르친다는 점에 주목했다. 그럼에도 당시 학부생들은 과거에서 현재로 나아가는 법을 스스로 터득하지 못했다. 학부생들은 정치사상사의 거장들이 했던 방식대로 경험적이고 이론적인 분석을 통해 자신이 살아가는 사회를 제대로 탐구해내지 못했다는 뜻이다. 라슬렛은 케임브리지에 대해 '전 세계에 이 정도 규모를 갖춘 학교이면서 정치학을 가르칠 사람도 없고, 사회학을 가르칠 사람도 없고, 철학자도 이렇게 적은 학교는 없다'고 불평했다.

라슬렛은 다른 분야로 관심사를 옮겼다. 처음에는 논리실증주의로 알려진 철학 학파가 주장하는 검증 원리(verification principle)에 매료되었고, 포퍼와 그 제자들이 연구하던 반증 원리(falsification principle)에도 관심을 가졌다. 이후에는 역사인구학의 기법들을 통해 사회 구조를 분석하기도 했다. 그는 결국 과거를 이해하고 싶다면 사회과학에 기대는 편이 낫다고 확신하게 되었다. 라슬렛은 그래야만 오늘날의 문제를 해결할 수 있게 해주는 역사 연구의 의의가 더욱 분명해

진다고 생각했다. 라슬렛은 여전히 혁신가였다. 1964년에
는 인구와 사회 구조의 역사 연구를 위한 케임브리지 그룹
(The Cambridge Group for the History of Population and Social
Structure)을 공동 창설했으며, 1965년에는 방송대학(Open
University)[6]을, 1981년에는 제3기 인생대학(Univeristy of the
Third Age)[7]을 세웠다.

라슬렛이 특정 텍스트가 언제 그리고 무슨 이유로 출판되
었는지를 조사할 동안, R. G. 콜링우드(R. G. Collingwood)는
유작인 『역사라는 개념 *The Idea of History*』(1946)[8]에서 사건의
'외부', 즉 움직이는 신체들에 대한 사실들과 행위의 '내부',
즉 어떤 사람의 마음속 생각을 참조하여 파악해낼 수 있는 행
동의 이유를 구분할 필요가 있다고 주장했다. 율리우스 카이
사르(Julius Caesar)의 암살을 예로 들자면, 암살이라는 사건은
결국 카이사르가 로마 시민의 자유를 빼앗고 로마 공화국을
전복한 폭군이었다는 인식을 통해서만 설명될 수 있다. 콜링
우드의 책이 점차 영향력을 키워가고 있을 때, 마이클 오크숏
(Michael Oakeshott)은 1951년 런던 정치경제대학교에 교수
로 취임하며 '정치교육(Political Education)'이라는 제목의 강
연을 했다. 해당 강연에서 오크숏은 '전통'이란 모든 사람들
이 스스로를 정의할 때 참고로 삼는 탄력적이고 유연한 유산
과 같은 것이라고 말했다. 오크숏이 보기에 과거와 현재의 정

치사상을 역사적으로 분석하는 것은 정치 신조나 체제의 내용 자체를 세밀하게 파고드는 것에 비해 확실히 실용적인 이득을 가져다줄 수 있는 방법이었다.

케임브리지학파의 정체성

케임브리지학파의 창시자인 세 학자 모두 모두 로크와 필머의 저작이 갖는 역사적 맥락을 재구성함으로써 해당 저작의 의미를 바꿔놓은 라슬렛의 연구에 큰 영감을 받았다. 셋 중에서 가장 나이가 많은 포콕은 1924년 런던에서 태어났으며, 아버지인 그레빌 에이가드 포콕(Greville Agard Pocock)이 캔터베리대학(Canterbury College)의 고전학 교수로 임용되면서 어린 나이에 아버지를 따라 뉴질랜드로 이민을 갔다. 포콕은 캔터베리대학을 졸업한 후 1948년에 케임브리지대학에 진학해 허버트 버터필드(Herbert Butterfield)의 지도 아래 1952년에 박사 과정을 마쳤다. 이후에는 오타고, 세인트 존스 칼리지, 케임브리지, 그리고 캔터베리대학에서의 교수직을 거쳐 1966년에 워싱턴대학교 세인트루이스(Washington University in St. Louis)에서 윌리엄 엘리엇 스미스 교수[9]가 되었다. 1970년대 중반에는 발티모어에 있는 존스 홉킨스대학으로 자리를 옮겨 학과장을 맡았다. 1957년에 포콕은 그의 첫 책『고대헌정과 봉건법 *The Ancient Constitution and the Feudal*

Law』덕분에 이미 잘 알려진 학자였다. 1975년에는 케임브리지학파적 접근방식에 대한 고전적인 선언문으로 읽히기도 하는 책인 『마키아벨리언 모멘트*The Machiavellian Moment*』[10]를 출간했다. 이러한 연구들은 더욱 저명한 책들과 방대한 논문들로 이어졌는데, 에드워드 기번(Edward Gibbon)의 지적 세계와 그의 책 『로마제국 쇠망사*History of the Decline and Fall of the Roman Empire*』[11]를 탐구한 6권 분량의 『야만과 종교*Barbarism and Religion*』도 그중 하나다.

퀜틴 스키너는 1940년에 태어나 케임브리지대학에서 학사 학위를 취득한 후 1965년에 역사학과 교수로 임용되었다. 이 때부터 정치사상사 연구를 위한 적합한 방법론에 대한 스키너의 글들이 주목을 받기 시작했고, 『역사회보*The Historical Journal*』 및 『사회와 역사 비교 연구*Comparative Studies in Society and History*』에 게재된 홉스에 대한 기존 통념을 파괴하는 여러 편의 논문들도 화제가 되었다. 스키너는 1970년대에 프린스턴의 고등연구소에서 얼마간의 기간을 보낸 뒤, 1978년에 케임브리지대학의 정치학 교수가 되었으며 1996년에는 역사학 흠정교수가 되었고 2008년에 퀸 메리 런던대학교로 옮기기 전까지 계속해서 케임브리지대학의 교수로 재직했다. 스키너의 책 『근대 정치사상의 토대*The Foundations of Modern Political Thought*』[12]는 1978년 총 2권으로 출간되었고, 이 분야에서 가장 널리 인용되고 언급되는 책이 되었다. 스키너는 이후에도 수사학과 도덕성에 대한 고대 로마인들의 관념부터 시작해서 이탈리아 도시 공화국의 형성과 마키아벨리, 르네상스 시기의 수사학, 홉스와 셰익스피어, 그리고 고대, 초기 근대, 그리고 현대의 자유의 본질에 이르기까지 수많은 주제에 대해 이제까지 없던 여러 논문과 책을 써냈다. 강연자로서도, 작가로서도 매우 탁월했던 스키너는 훌륭한 연구들 덕에 정치사상사라는 주제를 상징하는 인물로 여겨지고 있다.

1960년대 초, 존 던(John Dunn)과 퀜틴 스키너(Quentin Skinner)는 함께 케임브리지대학 학부에서 공부하는 가까운 친구 사이였다. 각자의 첫번째 지적 작업은 비슷한 문제의식을 공유하고 있었다. 1969년에 출간된 던의 책『존 로크의 정치사상: '통치론'의 주장에 대한 역사학적 논의*The Political Thought of John Locke: An Historical Account of the Argument of the 'Two Treatises of Government'*』는 정치사상사에 대한 케임브리지학파의 접근방식을 전형적으로 보여주었다. 던은 로크가 근대 자유주의의 창시자라기보다는 급진적인 칼뱅주의 정치의 산물임을 보여줌으로써 로크에 대한 기존의 이해를 완전히 뒤바꾸어 놓았다. 17세기 후반의 종교적 맥락을 살펴야만 로크가 스스로 무엇을 하고 있다고 생각했는지를 가장 잘 설명할 수 있다고 주장했다. 던 역시 스키너와 마찬가지로 케임브리지대학에서 강의를 시작했으며, 1987년에 정치 이론 분야의 교수가 되었고, 역사적 관점을 지닌 정치 이론가로서 이름을 날리게 된다. 던이 쓴 주요한 책으로는 『미래에 직면한 서양 정치 이론*Western Political Theory in the Face of the Future*』(1979), 『정치 이론의 역사와 다른 글들*The History of Political Theory and Other Essays*』(1996), 『비이성의 간계*The Cunning of Unreason*』(2000), 『민주주의의 수수께끼*Setting the People Free*』(2005)[13], 『민주주의의 마법에서 깨어나라*Breaking Democracy's Spell*』(2014)[14] 등이 있으며, 이 책들 모두 현대 사회의 긴급한 문제를 다루는 데 정치사상사가 어떻게 활용될 수 있는지를 잘 보여주고 있다.

케임브리지학파의 방법론이란 무엇인가? 1962년 포콕은 「정치사상사: 방법론적 탐구」라는 논문을 발표했다. 포콕이 주장한 바에 따르면, 역사 속 저술가들은 단순히 문법 원칙뿐만 아니라 계승되어온 관념에 대한 관습에 의해 형성된 언어 혹은 담론을 사용하는 공동체의 구성원이다. 관념에 대한 담론은 저자가 자신의 사상을 표현할 때 영향을 끼치는 이데올로기적 맥락 혹은 패러다임을 형성하며, 정치적 선택지를 제한한다. 저자는 생각을 정교화하는 과정에서 의식적으로든 무의식적으로든 패러다임을 바꿀 수도 있다. '패러다임'이라는 단어의 언급은 토머스 쿤(Thomas Kuhn)의 『과학혁명의 구조*The Structure of Scientific Revolutions*』(1962)의 영향력을 잘 보여주는데, 쿤은 책에서 기존의 신념들로 이루어진 '정상과학'이 객관적 현실을 더욱 잘 반영할 수 있는 다른 신념들의 총체로 바뀔 때 과학 공동체 내에서 '패러다임 교체'가 발생한다고 주장했다. 포콕이 얘기하는 정치학의 패러다임은 과학이나 진보에 대한 것은 아니었지만, 향후 그 패러다임을 바꿀 수도 있는 역사 속 행위자들에게 특정한 사고방식을 부과한다는 점에서는 원래 의미와 맞닿는 면이 있었다.

존 던의 논문 「사상사의 정체성The Identity of the History of Ideas」(1968), 그리고 퀜틴 스키너의 논문 「역사적 설명의 한계The Limits of Historical Explanations」(1966)와 「사상사에서의 의미와 이해Meaning and Understanding in the History of Ideas」(1969)가 발표된 이후, 포콕의 주장은 더욱 명확한 방식으로 정교화되었다. 포콕과 스키너와 던은 같은 목표를 공유하고 있었고, 그 목표는 특정한 텍스트의 저자가 텍스트를 작성함을 통해 무엇을 하고 있었는지를 밝혀내고 저자의 의도가 그 텍스트를 탐구하는 다른 이들에게 어떻게 받아들여졌고 또 수정되었는지를 설명하는 것이었다. 이러한 접근방식이 끼친 주요한 영향 중 하나는 정전(正典)이라 간주되는 텍스트들 너머로 정치사상 연구의 범위가 넓어진 것이다. 스키너의 논문인 「사상사에서의 의미와 이해」의 원래 제목은 '정치사상사에서 위대한 고전들이 중요하지 않은 이유'였다. 스키너는 꾸준히 정전(正典)의 범위를 넓히고, '위대한' 인물들의 텍스트 연구를 넘어서는 작업을 하는 것을 주요 목표로 삼았다. 『근대 정치사상의 토대』가 출간되었을 때, 목차 제목 어디에도 사상가의 이름이 등장하지 않았다는 점은 당시로서 파격이었다.

포콕과 스키너와 던은 정치사상의 역사 속에 존재하는 불연속성을 강조하기도 했다. 레오 스트라우스와 달리, 그들은 역사 속의 철학자들이 사실상 같은 질문을 다뤘다고 생각하지 않았다. '시대를 초월하는 지혜' 같은 것은 없다고 생각했다. 마찬가지로, 텍스트의 의미를 철학적 독해를 통해 쉽게 파악할 수 있다고 생각하거나 프랑스의 후기구조주의자들처럼 텍스트의 의미는 계속해서 바뀔 수밖에 없다고 생각하거나 텍스트의 내용은 텍스트가 쓰일 당시의 사회적 경제적 맥락에 따라 결정된다고 생각하는 등, 하나의 텍스트를 그를 둘러싼 맥락과 무관한 독립적인 문서로 간주해 버리고서는 절대 그것을 제대로 이해할 수 없다고 생각했다. 스키너는 특히 과거 사상가가 살았던 시대에 존재하지도 않았던 개념을 마치 그가 논했던 것처럼 이야기하는 정치사상사가들을 효과적으로 비판했다. 이에 해당하는 대표적 학자는 오랜 기간에 걸쳐 존재하는 '단위관념(unit ideas)'에 대한 분석을 주장한, 관념사 연구모임(History of Ideas Club)의 설립자 A. O. 러브조이(A. O. Lovejoy)였다.

스키너는 이러한 접근법에 대해 과거를 제대로 고증하지 않는 접근법이라 비판했다. 과거 텍스트에서 후대에 나오게 될 주장을 발견할 것이라 기대하는 정치사상사가들 역시 또 다른 실수를 범하고 있다고 봤다. 바로 예기적 해석(prolepsis)이다. 스키너에게 있어 텍스트를 둘러싼 논쟁이란 관련된 텍스트 혹은 반대되는 텍스트 속에 존재하는 문맥상의 확인 주장 및 반박 주장을 바탕으로 역사 속에서 수행되는 행위를 의미한다. 정치사상사가의 목적은 특정 텍스트의 저자가 무엇을 '하고 있었는지'를 밝혀내는 것이며, 거기에는 저자가 실제로 '하고자 했던 것'과 다른 저자들의 응답을 통해 알 수 있게 '하는 데 성공한 것'이 모두 포함된다. 언어 혹은 담론은 정치적 주장이 가질 수 있는 잠재적 범위에 한계를 설정한다.

케임브리지학파의 영향

새로운 작업을 공유하고 정치사상사라는 분야의 현황에 대한 대화를 나누며, 포콕과 스키너, 그리고 던 사이에 연대의식과 소속감이 싹텄다. 1970년대 포콕은 '스피치의 동굴(The Cave of Speech)' 혹은 '말로 행위하는 법(How to do Things to People with Words)'이라는 제목으로 방법론에 대한 책을 쓰는 것을 구상했다. 한때는 스키너와 함께 '말로 행위하는 법과 사람들의 행위에 대응하는 법'을 다룬 공동 선언문을 구상하기도 했다. 하지만 포콕과 스키너와 던 사이에는 처음부터 다른 점이 있었는데, 각자가 워낙 다양한 영향 아래 놓여 있었기 때문이기도 했다.

스키너와 던의 작업은 존 오스틴(John Austin)의 책『말과 행위*How to Do Things with Words*』(1962)[15], 그리고 옥스퍼드 학파라 불리는 일상 언어 철학[16]으로부터 많은 학문적 영향을 받은 데 반해, 포콕은 자신이 마이클 오크숏(Michael Oakshott)의 언어와 전통에 대한 관점으로부터 큰 영향을 받았음을 강조했다. 1970년대에 스키너는 프린스턴에서의 안식년 기간 동안 여러 편의 글을 작성하며 정치사상사에 대한 그의 관점을 재구성하였다. 존 던의 관심사는 1970년대 초 이후 아프리카 대륙에서의 혁명과 그것이 정치 이론에 끼친 영향을 탐구하는 것으로 옮겨갔다. 포콕은 역사 기술(Historiography)에 대한 오래된 관심을 정치사상의 한 형태로 발전시켰으며, 이는 곧 포콕의 연구에 있어 중심이 되었다. 스키너는 자신이 정치사상사를 쓸데없는 것에만 골몰하게 하고 현실과도 관계없는 골동품 같은(antiquarian) 주제로 만들어버렸다는 혐의를 받고 있다는 점을 갈수록 더 우려하다, 정면으로 반박에 나서기도 했다.

스키너가 받았던 비판에 답을 하자면, 케임브리지학파는

방법론적으로 새로운 학문이라 할만한 것을 창설하였고, 다음 세대 학자들이 전통적으로 권위 있는 정전(正典)의 범위를 넓힐 수 있도록 영감을 주었고, 역사학적 정치학이란 무엇을 의미하는지에 대해 훨씬 정교하고 섬세한 설명을 제공했다. 정치사상사는 과거가 현재보다 열등하며 오늘날에 비해 훨씬 이해하기 쉽다는 식의 당시 만연했던 통념을 정면으로 반박했다. 포콕, 스키너, 던의 연구를 통해, 정치사상사는 성찰적 정치 혹은 정보에 근거한 정치적 판단 — 아도르노와 호르크하이머가 예견했듯, 문화산업[17]이 주도하는 세상에서 점점 찾아보기 힘들어지는 종류의 판단 — 을 위한 필수적인 지식이 되었다. 뿐만 아니라, 정치사상사는 시민교육의 필수 불가결한 요소로 간주됐다. 비록 실제로 실현되지는 못했지만 말이다.

과거에 대한 휘그적 접근법과 비교해보면, 케임브리지학파의 성취를 분명히 알 수 있다. 저명한 학자이자 자유당(휘그당)[18] 소속 정치인이었던 H.A.L. 피셔(H.A.L. Fisher)의 『유럽에서의 공화주의적 전통 The Republican Tradition in Europe』(1911)은 포콕과 스키너의 책에 비교하면 아이들을 위한 문학처럼 읽힐 정도다. 소홀히 다뤄졌거나 잊힌 역사적 논변을 발굴하는 데 초점을 맞추는 것은 케임브리지학파를 구분 짓는 결정적인 특징이다. 1970년대에 포콕과 스키너는 한스 바론(Hans

Baron)의 작업을 재조명하여 초기 르네상스 시기의 이탈리아 도시 공화국에서 형성된 인간의 번영을 바라보는 관점을 복원하였다. 독립된 공화국에서 한 가정의 가장으로 살아가는 삶은 인간에게 매우 자연스러운 것으로 칭송받았다. 국가 운영을 위한 토지 경작, 무력 행사, 법률 제정 등의 시민적 행위는 가장 높은 세속적 열망이 되었다. 포콕은 1975년에 출간한 『마키아벨리언 모멘트*The Machiavellian Moment*』에서 자유에 대한 감각과 국가를 지키기 위한 시민적 행위들로 길러왔던 덕성에 대한 지식을 강제로 사용해야만 하는 위기의 순간에 시민 인문주의자들에게 무슨 일이 일어났는지를 밝혀내고 있다.

포콕은 시민적 덕성과 그것을 지탱해온 강건함(manliness)의 상실을 둘러싸고 벌어졌던 18세기 유럽과 북아메리카의 치열한 논쟁을 도시 사회와 경쟁적인 상업군주정이라는 완전히 다른 맥락 위에서 풀어냈다. 이러한 접근은 계급 투쟁에 주목하면서 역사의 다음 단계로 나아가기 위한 혁명적 움직임을 준비하는 과정에서의 계급 의식화의 증거를 발굴하는데 집중한 마르크스적 접근법과는 완전히 거리가 멀었다. 그뿐만 아니라 이는 자유주의의 정전(正典)을 재구성하는 작업, 즉 영국 제국주의하에서 북아메리카 식민지의 독립을 지지했다는 이유로 오늘날 의미 있게 여겨질 수 있는 인물을 과거에서 찾아내려는 작업과도 거리를 두고 있었다. 포콕은 그 대신 시장을 계속해서 팽창시키고자 하는 탐욕적인 상업군 주정을 유지하기 위해 상비군과 공적 신용의 발전이 반드시 필요했는지에 관해 벌어졌던 논쟁의 내용을 추적하는 방식을 택했다.

다니엘 디포(Daniel Defoe)와 버나드 맨더빌(Bernard Mandeville)은 공적 차입(public borrowing)을 통해 유지되는 용병으로 이루어진 상비군을 지지했다. 근대적 형태의 고상함(politeness), 소비, 부, 그리고 재정적 독립처럼 용병이 가져다주는 것처럼 보이는 이득이 있었기 때문이다. 반대로 1707년 합병을 비판했던 스코틀랜드 비평가 솔튼의 앤드류 플랫처(Andrew Fletcher of Saltoun)를 비롯해 포콕이 '신해링턴주의자(Neo-Harringtonians)'[19]라고 명명한 이들은 독립적인 토지 소유주로서 갖게 되는 고대적 분별(ancient prudence)을 선호했다. 지주들은 덕성과 나라를 사랑하는 마음으로 필요한 경우 방위를 위해 민병대에 복무하는 지주 엘리트 집단을 형성했고, 국가 운명과 직결된 이해관계를 갖고 있었던 그들에게서 지혜와 온건한 원칙을 기대할 수 있었다.

신해링턴주의자들은 근대식의 고상함(politeness)을 경멸했다. 결국 그것이 남성성을 쇠퇴시킬 것이며, 당파가 생겨나고 전문적인 정치인이 생겨나면서 부패가 발생할 것이고, 그로 인해 국가 운영이 채권 투기꾼(stock-jobber)의 술수에 의존하게 되는 등 시민사회와 정치에 크나큰 불확실성을 초래할 것이라 보았다. 포콕의 가장 강력한 논점 중 하나는 마르크스보다 훨씬 전에 등장한 이러한 식의 자본주의 비판이 이후의 정치적 논쟁들에서 발견되며, 특히 미국에서는 이러한 비판이 민병대, 강건함, 무기소지권에 대한 집착으로 나타났다고 주장한 점이다. 미국의 탄생을 일컬어 시간이 흐르며 더욱 완벽해질 자유의 형태를 정착시킨 자유주의자들의 영광스러운 이야기라 일컬었던 조이스 애플비(Joyce Appleby) 같은 사람들은 포콕의 지적에 분노할 수밖에 없었다.

포콕이 상업 사회에서의 인간성의 다변화와 독립성의 상실을 걱정했다면, 스키너는 자유의 상실에 집중했다. 스키너는 『자유주의 이전의 자유*Liberty before Liberalism*』(1998)[20]를 통해 1649년 찰스 1세의 처형 이후 활발히 전개되었지만 그동안 파묻혀 있었던 정치적 논쟁을 재발굴해내었다. 그 당시 새로운 잉글랜드 공화국의 옹호자였던 존 밀턴(John Milton)과 마차몬트 네덤(Marchamont Nedham)은 정치체의 행위는 구성원들의 의지에 따라 결정되어야 한다고 주장했다. 그러면서도 그들은 민주주의란 인민이 마치 정부인 양 정부 역할을 수행하는 체제라면서, 민주주의 대신 대표제를 지지했다. 민주주의와 달리, 대표제는 가장 덕성 있고 가장 현명한 자들이 정부를 운영할 수 있는 하나의 수단이었다. 이를 위해서 밀턴과 네덤은 시민들이 자유로울 수 있도록 강제하며 사람들 사이에 강건함(manliness, virtù)을 장려할 수 있는 법률을 갖추는 것이 아주 중요하다고 보았다.

밀턴과 네덤은 정부의 대권(prerogative power) 행사를 반대하며, 그런 행정 권력이 존재하는 것만으로도 그 권력 안에 내재한 생명과 재산에 대한 위협으로 인해 신민들 혹은 시민들이 자유롭지 않은 상황에 놓일 수 있다는 견해를 고수했다. 이러한 맥락에서, 그들은 홉스가 자유로운 사람에 대해 '하고자 하는 것에 방해를 받지 않는 자'라고 정의 내린 것을 반박하기도 했다. 스키너는 이와 같은 밀턴과 네덤, 그리고 그 동료들의 교의를 '자유 국가와 자유 시민에 관한 신로마 이론'이라 이름 붙였다. 시민의 자유와 정치적 행위에 대한 찬사의 대부분이 키케로, 살루스트, 세네카, 타키투스에게서 빌려온 것들이었기 때문이다.

제임스 해링턴(James Harrington)은 1656년 그의 책 『오시아나 공화국Oceana』에서 공화주의적 자유에 대한 홉스의 널리 알려진 비판에 응답했다. 마치 오토만제국의 술탄이 자신의 신민에게 간섭하듯 도시국가의 행정관들 역시 시민들의 삶에 간섭할 수 있으므로 루카의 성탑에 새겨져 있는 자유는 환상이라 지적했던 홉스의 비판[21] 말이다. 해링턴은 이에 술

탄은 언제든 마음대로 사람의 목숨을 빼앗을 수 있는 권한을 가졌으므로 '콘스탄티노플에서는 가장 힘이 센 파샤라 할지라도 자신의 머리의 세입자에 불과하다'고 답했다. 스키너는 해링턴의 이러한 입장이 정부 권력에 대항하여 주장될 수 있는 시민적 권리에 대한 신로마적 고집을 보여준다고 결론지었다. 스키너는 직접적인 강압, 혹은 위협이나 강압과 유사한 것들로부터 자유롭지 않다면 진정한 의미에서 자유로운 것이 아니라는 관점이 오늘날에도 다시 한번 강조될 필요가 있다고 생각했다. 특히 우리 스스로는 자유롭다고 생각하지만, 국가나 여러 법인의 행위에 잠재된 강압성으로 인해 실제로는 자유롭지 않은 상황에서 말이다.

이를 통해, 스키너가 자유에 가해지고 있는 제약을 제대로 파악해내는 데 실패한 현대의 문제를 다루는 하나의 관점을 형성하고 있음을 알 수 있다. 마치 푸코가 그랬던 것처럼 말이다. 스키너는 대중 매체와 시민에 대한 정부와 기업의 감시, 사생활에 대한 관찰, 그리고 어느 때보다도 더 많은 소비재에 계속해서 돈을 더 쓰도록 만드는 욕망의 조작 등으로 설명되는 현시대의 자본주의 사회를 비판했다. 스키너가 보기에 우리는 스스로를 자유롭다고 생각하지만 실상은 노예이다. 자유의 상실과 그것이 가지고 올 위험에 대한 의식을 되찾기 위해 우리는 유사한 곤경에 직면해 있었던 17세기의 신로마인들을 되돌아볼 필요가 있다.

자유의 역사와 노예의 본질에 대해 풀어낸 스키너의 연구가 현재의 다양한 사안들과 맞닿아 울림을 주는 것처럼, 정치사상에 대한 역사 기록(historiography)의 중요성을 강조하는 포콕의 연구도 주목할 만한 지점이 있다. 포콕은 오랫동안 마오리족이 가진 과거에 대한 인식과 1840년 체결된 와이탕이 조약(Treaty of Waitangi)에 대한 그들의 반응에 매료되어 있었다. 다수의 여성을 포함해 500명이 넘는 마오리족 지도자들이 서명한 해당 조약의 내용은 토지에 대한 소유권을 유지하고 영국 신민으로서의 권리를 얻는 대신 영국에 주권을 넘기는 것이었다. 조약 위반은 전쟁과 마오리 사람들에 대한 끔찍한 탄압으로 이어졌다. 뉴질랜드의 역사를 반추하며 포콕은 1973년 강의에서 원주민과 이주민들 모두를 탕가타 와카(tangata waka, 카누의 사람들)[22], 즉 공동체와 언어, 역사에 대한 이해는 서로 다를지라도 뉴질랜드 섬과 섬에서 발견된 것들을 공유하는 하나의 집단으로 묶어낼 수 있는 '새로운 영국사'가 필요하다고 주장했다. 대안적인 이야기들이 퍼져나가며 새로운 논의가 촉발되었다. 포콕은 이러한 논의 덕에 뉴질랜드의 중도파들이 뉴질랜드/아오테아로아(Aotearoa, 뉴질랜드를 가리키는 마오리어)의 정치적 주권 문제, 그리고 마오리족의 오랜 불만에 대한 보상 문제와 같은 첨예한 정치적 문제들을 다뤄낼 수 있었다고 생각했다.

포콕에게 있어서는 어떤 역사도 최종적일 수는 없다. 한 국가의 역사를 기술할 때, 닫힌 세상을 전제해서는 안 된다. 미래에 달라진 국가 공동체의 일원이 될 수도 있는 외부인들과의 상호작용을 반드시 고려해야 한다. '타인이 누군가에게 영향을 주고, 동시에 그 누군가가 타인에게 영향을 줄 수 있게 만드는 역사'를 상상해보자. 역사가 정체성을 형성하고 다양한 정체성들이 경쟁 서사를 받아들이고 포함해 삶을 구성한다는 점에서, 정치적 대화와 평화를 촉진하는 것은 통찰력의 중요한 부분이 된다.

정치사상사의 변화

케임브리지학파에 대해 논평하고 비판하는 학자들의 커뮤니티가 아직 그렇게 크다고는 할 수 없지만, 지금이 1960년대에 비해 정치사상사를 이해하는 데 있어 훨씬 나은 상황임에는 이견의 여지가 없다. 여러 이유가 있겠지만, 라슬렛에 이어 스키너와 포콕이 특히 정치사상 텍스트의 학술적 목적의 편집본의 출판을 강조하며, 독자들에게 원본과 이본(異本), 그리고 저작의 작업과 출판에 관한 맥락적인 정보들을 제공하는 것을 중시한 덕도 있다. 노엘 말콤(Noel Malcolm)의 『리바이어던: 영어 텍스트와 라틴어 텍스트*Leviathan: The English* *and Latin Texts*(2014), 크누드 하콘센(Knud Haakonssen)과 폴 우드(Paul Wood)가 엮은 토머스 리드(Thomas Reid)의 연구에 대한 에딘버러판(Edinburgh Edition of the Works of Thomas Reid), 그리고 필립 스코필드(Philip Schofield)가 벤담 프로젝트의 일환으로 벤담의 저작들을 엮어낸 편집본은 모두 기념비적인 책들이다. 이러한 고전들뿐만 아니라 대중적인 편집본들도 요즘은 누구나 쉽게 구해서 읽어볼 수 있다. 현재는 100권이 넘게 출판된 정치사상사 속의 케임브리지 텍스트(Cambridge Texts in the History of Political Thought) 시리즈라든지 리버티 펀드가 출판한 자연법과 계몽 고전 총서(Natural Law and Enlightenment Classics)가 여기에 해당한다.

요즘은 서간집도 흔히 찾아볼 수 있게 되었고, 온라인 검색이나 디지털 도서관을 통해 텍스트들의 출판본에 언제든 접근할 수 있게 되었다. 학문으로서의 정치사상이 다루는 주제는 어느 때보다도 광범위해졌고, 출판사들도 예전에 비해 더 많은 관심을 갖고 있다. 대부분의 출판사는 케임브리지 출판사의 〈맥락 안에서의 사상*Ideas in Context*〉 같은 정치사상 분야의 연속 기획물을 출판하고 있고, 논문들을 찾아보더라도 정치사상 분야의 범위와 깊이를 명확히 알 수 있다. 정치사상의 역사 속 어떤 인물이든 골라 그 인물에 대한 연구가 어떻게 이루어졌는지 1950년대 혹은 1960년대에 출판된 책을 면밀히 들여다보고, 그것을 또 이후 수십 년간 나타난 연구들과 비교해본다면 지식의 패러다임이 변화했음을 확실히 느낄 수 있을 것이다. 『흑인의 정치사상 — 데이비드 워커부터 현재까지*Black Political Thought from David Walker to the Present*』(2019)처럼 인종과 정체성 문제를 다루는 세부 분야와 그러한 연구를 모은 작품집, 편집본도 등장하고 있다.

제 6 장

코젤렉과 개념사

독일의 파국

한 시대의 '정신'이 무엇인지 규정하고 그것이 정치에 어떻게 발현되었는지를 탐구하는 학문이자, 빌헬름 딜타이 (Wilhelm Dilthey, 1833-1911), 에른스트 카시러(Ernst Cassirer, 1874-1945), 프리드리히 마이네케(Friedrich Meinecke, 1862-1964)와 같은 저명한 학자들에 의해 연구되었던 사상사 (Ideengeschichte) 혹은 정신사(Geistesgeschichte)라는 이름의 정치사상사 연구로 유명했던 국가가 어떻게 제3제국과 홀로 코스트의 발생지로 전락하게 되었을까? 19세기의 고대 그리스 로마 시기에 대한 연구들 뿐만 아니라 야코프 그림(Jakob Grimm)과 빌헬름 그림(Wilhelm Grimm)이 1838년에 시작했던 방대한 독일어 사전(Deutsches Wörterbuch) 프로젝트에서 보여지는 문헌학(philology) 및 사전학(lexicography)과 관련한 독일의 깊이 있는 전통에 어떤 문제가 생겼던 것일까? 언급한 학문적 전통하에서, 독일인들은 특정한 문제적 사례들을 탐구하기 위해 정교한 방식으로 근본적인 개념들을 정의내림으로써 분석적 지식(Wissenschaft)을 얻고자 노력해왔다. 하지만 독일의 과거 학문이 아무리 융성했다 할지라도, 1946년에 마이네케가 지적했듯 전후의 관점에서 독일은 이념적인 재앙을 겪은 국가에 불과했다. 마이네케는 그것을 독일의 파국(Die deutsche Katastrophe)이라 이름 붙였다.

　마이네케와 같은 저자에게 있어 주요한 난점은, 10년 전만 하더라도 독일 사람들의 과거와 현재에 대한 관점 자체가 완전히 달랐다는 점이었다. 1936년, 마이네케는 『역사주의의 생성*Die Enstehung des Historismus*』(1972년에 『역사주의*Historism*』라는 제목으로 영문판이 출판되었다)을 출판하며, 독일의 역사적 학문 전통을 훨씬 긍정적으로 평가했었다. 마이네케는 독일이 프랑스혁명과 같은 길을 걷지 않았다는 점, 또한 건강한 애국주의적 문화를 증진하고 공동체의 발전을 도모하게 하는 특정 민족 문화에 대한 연구를 통해 진보라는 개념을 세속적 의미에서 받아들인 점을 칭송했다. 후자의 관점은 요한 고트프리트 헤르더(Johann Gottfried Herder, 1744-1803)와 요한 볼프강 폰 괴테(J. W. von Goethe, 1749-1832)에 의해 창시되었고, 레오폴트 폰 랑케(Leopold von Ranke, 1795-1886)의 연구가 그 자체로 좋은 예시였다. 그러다 1946년, 마이네케는 입장을 바꿔 비스마르크를 칭송했다는 이유로 랑케를 비판했다. 마이네케는 그 대신 19세기 후반 많은 저작들을 내놓으며 독일인들에게 전쟁과, 강력한 독재자, 민족주의에 대한 과도한 사랑을 경계하라고 말했던 독일계 스위스 사학자인 야코프 부르크하르트(Jacob Burckhardt, 1818-1897)에게 존경을 보냈다. 부르크하르트의 주장은 경보음이었다. 마이네케는 왜 독일인들이 그러한 경고에 귀를 기울이지 않았는지 설명할 수 없었다.

개념사의 토대

그렇다면 독일이 겪은 현대사의 재앙과 역사적 감수성의 실패를 어떻게 설명할 수 있을까? 독일 역사를 설명하기 위해서도, 그리고 민족적, 문화적으로 실패했다는 인식을 설명하기 위해서도 과거를 분석하는 새로운 기법이 필요한 상황이었다. 이러한 상황에 대한 가장 선도적인 응답은 역사학자 오토 브루너(Otto Brunner), 베르너 콘체(Werner Conze), 라인하르트 코젤렉(Reinhart Koselleck)에 의해 1950년대에 처음 시작된 개념사(Begriffsgeschichte) 프로젝트였다. 개념사 문서고(Archiv für Begriffsgeschichte)라는 이름의 학술지는 1955년부터 간행되었다. 콘체는 하이델베르크에 근거지를 둔 저명한 사회역사학자였다. 브루너는 그 당시 가장 이름을 알린 학자로, 중세 정치, 토지소유권, 봉건적 질서에 대한 여러 획기적인 연구를 진행했다. 대표작으로는『토지와 지배 *Land und Herrschaft*』(1939),『고귀한 전원생활과 유럽 정신*Adeliges Landleben und europäischer Geist*』(1949),『사회사로의 새로운 길*Neue Wege der Sozialgeschichte*』(1956) 등이 있다.

1941년, 1943년, 1959년에 차례로 개정된『토지와 지배』에서 브루너는 18세기에 형성된 국가/시민사회 이분법을 중세에 적용해서는 안 된다고 주장했다. 중세 국가를 논할 때, 법률 제정, 전쟁, 조세에 있어 권력을 행사하는 식의 근대적인 국가 관념을 적용해서는 안 된다는 것이다. 그 당시 공동체는 시대를 초월하는 정의라든지 모든 사람이 복종해야 하는 성스러운 권한과 같은 관념들을 중심으로 형성되었다. 상업이 봉건적인 사회 형태들을 잠식하기 전까지만 하더라도, 가족과 가정의 건강에 대한 관점으로부터 파생된 강력한 정의 관념이 사회를 지배하고 있었다. 이러한 브루너의 연구는 자유주의와 민주주의를 거부하며 독일 민중의 역사(Volksgeschichte)에 명백히 존재했던 특별한 공동체적 힘을 이야기하고자 하는 서사와 잘 맞아떨어졌다. 브루너는 한동

안 부르주아 사회의 자기중심적 개인주의에 맞서기 위한 수
단으로서 민족사회주의(National Socialism, 나치즘)에 지지를
보냈다. 전쟁 이후 자유입헌주의 국가(Rechtsstaat)에 대한 그
의 비판은 제3제국의 참상을 떠올리게 했다. 브루너의 사례
는 잘못된 역사가 끔찍한 정치로 이어질 수 있음을 보여주는
증거다. 중세 사회가 무너진 이후에 무엇이 어떻게 잘못되었
길래 자유주의에 비판적이었던 브루너 같은 학자가 잠시 동
안 일지라도 독재의 논리를 받아들이고, 시민적, 정치적 자유
를 버리고, 독일 정신을 수호하는 진정한 공동체의 적으로 간
주되는 집단들에 대한 끈질긴 추적을 용인하게 되었는지에
대해 좀더 정확한 이해가 필요한 상황이었다.

개념사 프로젝트의 리더는 처음부터 코젤렉(1923-2006)
이었다. 히틀러 유겐트에 가입 후 제2차세계대전 종식 때까
지 독일군으로 싸웠던 코젤렉은 소련군의 포로로 잡혀 아우
슈비츠로 보내졌는데 그곳에서 대량 학살의 기구들을 해체
하는 작업을 하게 되었다. 1946년까지는 카자흐스탄에서 전
쟁 포로로 잡혀 있었고, 그 와중에 전쟁에서 입은 부상이 심
해져 집으로 복귀하는 것이 허락되었다. 이러한 경험들이 과
거를 바라보는 코젤렉의 관점을 형성하였는데, 특히 문제에
대한 손쉬운 해결책의 제공을 주장하는 이데올로기에 대한
극렬한 회의감을 갖고 역사를 끊임없는 갈등의 이야기로 바

라보는 데 영향을 주었다.

코젤렉에게 주요한 영향을 끼친 사람은 한때 독실한 가톨릭 법학자였던 카를 슈미트(1888-1985)였다. 슈미트는 바이마르 공화국의 의회 정부와 자유민주주의 사회의 주요 비판자로 의회 정부를 제도화된 분열로, 그리고 자유민주주의 사회를 대혼돈이라 평했다. 슈미트는 정치란 곧 투쟁이며, 국가의 주권자란 적과 동지를 규정할 수 있는 권위자라 정의하면서, 적과 동지를 구분하는 일은 법치를 유지하기 위해 독재적인 행정 권력에 의한 예외적 행위가 요구되는 위기의 순간에 매우 중요해진다고 주장했다. 슈미트는 스스로를 법률을 전복하려는 나치당원과 공산당원 모두에 대한 비판자라고 여겼으나, 자유주의와 민주주의가 이미 실패했고 국가가 무정부 상태로 전락하는 것을 막아야 한다고 생각하게 되면서 1933년에 나치당에 입당해 자신의 반유대주의적 입장과 히틀러에 대한 지지를 분명히 밝혔다. 이후 슈미트의 영향을 받은 좌우파를 불문한 수많은 인물들과 마찬가지로, 코젤렉 역시 슈미트가 현대 사회의 갈등이 얼마나 뿌리깊은지, 그리고 광신도라 할 정도로 서로 이념적으로 대립하는 정당들 간의 평화가 얼마나 달성되기 어려운지에 주목했다는 데서 큰 인상을 받았다.

1950년대 후반 코젤렉은 콘체에게 역사적 개념을 다루는 한 권 분량의 사전을 만드는 것을 제안했다. 콘체는 해당 프로젝트를 독일어로 제한하고서, 집필 참여자를 찾고 모금운동을 했다. 프로젝트의 목적은 특정한 연대를 살았던 저자들이 실제적이거나 이념적인 정쟁에 임하며 그들 자신을 어떻게 정의했는지, 그리고 특정한 단어의 의미나 기능을 수정하면서 언어를 어떻게 사용했는지를 살펴보는 방식으로 개념의 사용을 추적하여 정치적, 사회적 변화의 과정들을 기록하는 것이었다. 예를 들어 민주주의라는 단어의 의미는 고대에는 추첨에 의해 공직을 맡게 될 가능성이 있는 시민들에 의한 직접 통치에 가까웠다면, 근대에는 강력한 독재자의 등장이나 무정부 상태 혹은 공포를 연상시키는 것으로 바뀌어왔다. 정치의 본질을 파악하는 것은 새로운 환경에 적응하기 위해 고군분투하는 개념의 형태로 표현된 단어들의 의미가 반영된 사상의 변화를 명확히 밝히는 것을 의미했다.

이 프로젝트는 1972년부터 1997년 사이에 등장한 개념어 중 사회에서 본질적으로 중요하다고 여겨지는 130개가 넘는 개념어가 수록된 여러 권의 사전인 『역사적 기본 개념 *Geschichtliche Grundbegriffe*』[1]의 집대성으로 이어졌다. 이 사전의 목적은 봉건 사회의 몰락과 근대 사회의 등장을 개념적으로 구성해내는 것이었다. 1750년 이후에 발생한 광범위한 구조적 변화를 계기로 토지 중심의 세상에 사회적, 정치적, 경제적 변화가 일어났으며, 그로 인해 당대의 사람들이 정치와 삶을 이해하는 방식이 급격하게 바뀌었다는 사실이 전제되어 있었다. 코젤렉이 직접 작성한 100개가 넘는 표제 항목에서 설명하듯, '자유'나 '민족(Volk)'처럼 의미가 변한 주요 개념들은 구조적 변화가 실재했음을, 그리고 해당 개념들이 역사적 변화를 촉진했음을 보여주고 있다. 구체적인 것을 가리키던 개념들은 점차 보편적이고 추상적인 개념으로 변모해왔다. 많은 사람들이 정치적 담론에 참여하게 되면서 주요 개념의 사용이 민주화(Demokratisierung)된 것이다. '민주주의'라는 단어와 같이 일반적으로 사용되기 시작한 개념은 점차 미래의 정치적 변화나 발전을 위한 프로젝트의 일부로 인식되기(시간화, Verzeitlichung) 시작한다. 개별 개념들이 사회 개혁을 위한 계획들과 연계되면서 개념들이 경제적, 사회적 이데올로기 속으로 흡수(이념화, Ideologisierung)된다. 정부 형태, 사회 구조, 사회의 전망과 관련한 투쟁에 있어 개념들이 폭넓은 사회적 배경을 가진 다양한 사람들의 참여와 동원을 위해 사용될 때, 정치화 현상(정치화, Politisierung)이 발생한다.

근대 사상에 대한 코젤렉의 관점

『역사적 기본개념』의 집필진들은 모두 근대 이전 과거에 대한 향수와 근대 이데올로기가 갖고 있는 한계, 특히 정치적 극단주의를 발생시키는 경향에 대한 인식을 공유하고 있었다. 하지만 이러한 감상을 역사 전반에 대한 접근을 통해, 그 중에서도 정치사상사에 대한 접근을 통해 풀어낸 것은 온전히 코젤렉이 해낸 작업이었다. 코젤렉은 하이델베르크대학에서 수학하고 이후 그곳에서 교수로서 가르치기도 했는데, 그곳에서 코젤렉은 철학자인 카를 뢰비트(Karl Löwith)의 근대 이데올로기에 대한 관점, 즉 근대 이데올로기는 특정 교리에 믿음을 가진 사람들에 대한 구원을 약속하는 예언과 같고, 궁극적으로 세속화된 신학이나 다름없는 근대 철학의 형태라는 주장에 영향을 받았다.

1954년 영향력 있는 코젤렉의 책 『비판과 위기*Kritik und Krise*』가 출판됐다. 코젤렉은 이 책에서 토머스 홉스와 같은 철학자들의 연구를 통해 정당화된 초기 근대 유럽의 절대주의 국가가 도덕과 정치의 관계를 제한함으로써 성공적으로 종교 전쟁을 종식시켰다고 주장했다. 정치란 어떤 대가를 치르더라도 평화를 추구하고자 하는 판단과 복종의 영역이었으며, 그를 통해 사적인 삶을 영위하면서도 도덕적 양심이 정치 영역을 잠식하는 것을 막을 수 있었다. 한편, 상대적으로 사회가 안정되고 평화로웠던 계몽시대에 번성했던 다양한 사적 단체와 모임 ― 철학 살롱부터 프리메이슨의 집회, 그리고 일루미나티의 비밀 모임에 이르는 ― 의 사람들은 국가가 전반적인 행복과 복지, 도덕성과 밀접히 연관된 강한 친밀감이나 공동체적 삶을 만들어내는 시민사회의 형태를 발전시키지 못했으므로 도덕적으로 정당성이 부족하다는 생각을 공유하고 있었다. 그들이 보기에 국가는 신민 혹은 시민들의 개인적 발전을 위한 충분한 역할을 하지 못하고 있었으며, 사람들의 안전만 신경 쓸 것이 아니라 사람들의 행복을 위해 노력할 필요가 있다고 봤다. 인류는 더 나은 삶을 누릴 자격이 있다고 보았기에, 18세기의 국가들은 국민들의 보다 심화된 요구를 충족시키지 못한다는 이유로 야유의 대상이 되었다.

코젤렉은 계몽시대의 이러한 국가 비판이 지나치게 이상주의적인데다, 권력정치의 냉철한 현실에 대한 감각을 결여했으며, 국가에 대한 진정한 대안적 의미를 제시하지도 못했다고 보았다. 국가에 대한 계몽주의자들의 공격은 매우 치명적이었다고까지 평가했는데, 광신적인 비판가 무리들에 의해 국가의 형성 자체가 위협받고 또 그 정당성마저 부정당하면서, 오히려 국민 생활의 향상을 위해 사회를 교화하겠다는 그들의 유토피아적인 임무를 영원히 달성할 수 없게 되었기 때문이다. 비판이 위기를 불러온 셈이다. 게다가 이상주의자들은 도를 넘어 커져버린 국가가 특정 집단의 사회적 도덕성을 함양시키는 등 궁극적으로 도덕적인 성격을 띤 임무에 전념하게 될 때 발생할 수 있는 위험성을 가벼이 여겼다.

이러한 이데올로기의 결과는 프랑스혁명 과정에서 놀라울 정도로 바로 나타났다. 코젤렉은 에드먼드 버크와 마찬가지로, 프랑스 혁명 시기의 공포정치는 스스로를 철학자[2]라 부르는 자들의 순진한 무지에서부터 비롯된 것이라 보았다. 그들은 소위 합리적 의견을 통해 세상을 바로 세워야 한다며 사교 모임을 만들어, 실제로 프랑스혁명기의 공포정치의 기틀을 닦기도 했다. 계몽주의 시대의 이상주의들이 프랑스혁명 시기에 권력을 장악하게 되면서, 끝내 이길 수 없는 이념 전쟁이 근대 국가를 규정하는 특징이 되었다. 공포 정치 자체는, 이후 세대의 철학자들에 의해 성공적인 사회 변혁을 위한 단계에서 반드시 필요한 요소로 정당화되면서, 코젤렉이 일부 직접 경험했던 나치와 소련 공산당, 그리고 중국 모택동주의자의 공포정치가 등장할 수 있는 길이 열리게 되었다.

코젤렉은 역사를 바라보는 관점과 과거의 정치와 현재의 관계를 바라보는 관점을 점차 발전시켜나갔고, 그를 통해 개념사(Begriffsgeschichte)는 정치사상을 다루는 여타 접근법과 확실히 구분되었다. 그 차이는 방법론적인 것이라기보다는 사고방식에 관한 것이었다. 개념사가 갖는 독특성은 근대성에 대한 정의에서 기인한다. 코젤렉은 독일에서 1750년부터 1850년에 해당하는 시기를 말안장 시대(Sattelzeit, saddle-period)라 불렀는데, 이는 초기 근대에서 근대로의 이행이 일어난 시기를 의미한다. 개념의 그리스어 어원과 라틴어 어원을 들여다보고 고대 독일어나 영어로 된 글에서 개념의 의미가 어떻게 변화해왔는지 살피는 것도 중요하겠지만, 근본적인 변화가 일어난 시기는 18세기에서 19세기 사이이다. 이 시기가 되어서야 정치에 관한 근대적 언어가 형성되기 시작했다.

'산업(Industry, Industrie, Gewerbe)'은 농경 시대의 가구(household)의 맥락에서는 노동이나 활동을 의미했던 단어였지만, 사회를 이루는 특정한 조직 전체와 연계되면서 국가의 경제 생산과 더 나아가 국력 신장에 기여하는 생산적인 노동자 다수를 고용하고 있는 기관을 의미하게 되었다. 이러한 개념 변화에 있어 중요한 것은 산업혁명과 '개념의 시간화'를 통해 겪게 된 사회변화와 함께 가속화된 시간의 흐름 가운데서 변화가 발생했다는 점이다. 여기에서 '개념의 시간화'란 19세기의 주요한 정치 이념이었던 사회주의나 자유주의가 우월한 위치에서 과거를 내려다보며, 과거는 앞으로 곧 실현되어 인류를 구원할 예정된 미래에 비해 매우 뒤떨어진다고 생각하는 것을 의미한다. 코젤렉의 관점에서 오늘날 정치가 겪고 있는 비극이란 미래를 염두에 두고서 정치적 행위를 정당화하고 또 결정 내리기도 한다는 점이었다. 과거에 대한 방대한 지식들을 통해 구축된 현재의 지저분하고 혼란스러운 현실을 중심에 두어야 하는데도 말이다.

코젤렉은 1960년대부터 말년까지 작업해온 모든 연구들에서 — 코젤렉은 1973년에 하이델베르크대학을 떠나 빌레펠트라는 신생 대학의 학장으로 부임하게 되었다 — 정치적 행위 기저에 깔린 이데올로기에 미래중심적이면서도 유토피아적인 구원에 대한 약속이 얼마만큼 스며들어 있는지에 따라 실제 정치에서 중요하다고 여겨지는 행위의 범위가 결정된다고 강조했다. 복잡한 이야기이긴 하지만 쉽게 풀어낼 수 있다.

변호사들의 행위의 근간이 되는 법 이념에서, 혹은 관료 개혁을 말할 때 느낄 수 있는 시간 감각은 1970년대 독일을 갈라놓았던 새로운 사회 운동들에서 요구되었던 시간 감각에 비해 훨씬 느렸다. 혁명가들과 그들이 퍼뜨리고자 했던 이념들은 모두 시간의 흐름이 점점 가속화되고 있으므로 누구나 곧 도래하게 될 이상 사회를 누릴 수 있을 거라 역설했다. 이념들은 다른 이념들과 개념적으로 경쟁했다. 이념들 간의 전투 지형은 그 시대의 언어에 대한 공시적(synchronous) 분석을 통해 추적할 수 있다. 물론 이를 제대로 이해하기 위해서는 개념적 의미에서의 역사 및 원하는 미래 혹은 가능한 미래에 대한 연구를 통해 얻을 수 있는 통시적(diachronic) 분석도 중요하다. 정치 논쟁은 보는 각도에 따라 다층적 의미를 갖는 것으로 이해되어야 했다. 인간의 행위는 해당 인간의 특정한 과거뿐만 아니라 가능한 미래에 대한 인식과도 반드시 연관되어 있었다.

모든 인간은 적과 동지에 대한 감각이 있고, 분쟁은 피할 수 없으며, 차이의 영속성을 받아들이지 않는다면 그러한 분쟁은 결코 해결될 수 없다. 코젤렉은 조화로운 사회가 존재할 뿐만 아니라 실현 가능하다고 주장하는 사람들에 대해 회의적이었으며, 그런 사람들의 추종자들은 지식이 아니라 종교를 홍보하는 것이라 여겼다. 인간 사회에는 언제나 다양한 형태의 불평등과 서열 관계가 만연해 있고, 그 안에는 크고 작은 부당함들이 존재하며, 이는 사회적 행위와 사회적 분쟁을 영원히 촉발시킨다. 코젤렉에게 있어 평등주의 (egalitarianism)는 과거를 완전히 무시하고 미래에 대해 순진무구한 관점을 갖고 있다는 점에서 가장 위험한 근대적 이념 중 하나였으며, 그로 인해 평등주의는 극단주의의 정당화로 이어지며 실패로 끝날 운명이었다.

코젤렉의 관점은 곧 그의 작업에 경계가 없다는 것을 의미했다. 끔찍한 공포나 집단 학살의 경험을 포함한 어떤 사건들은 글자로 옮겨질 수 없다. 언어가 그것들을 전부 담아낼 수 없기 때문이다. 코젤렉은 하나의 이념이 꿈, 기억, 성(sex)에 대한 표상들부터 전쟁 기념물과 죽음에 대한 이미지, 사법 기구, 프로파간다에 이르는 다양한 형태를 통해 표명되는 현상에 관심을 두고 있었다. 20세기 이념 전쟁의 흔적은 실제로 어디에서나 찾을 수 있었다. 사람들은 도덕적 의미의 성전(聖戰)을 벌였고, 특정한 형태의 도덕성 ― 객관적으로 진실하고, 선하며, 가치 있는 것이라 일컬어졌으나 실제로는 그렇지 않았다 ― 을 장려하기 위해 어떤 정치적 행위도 감수할 준비가 되어 있었다.

이러한 내용은 코젤렉의 뛰어난 논문집 ― 영어판 제목으로는 『지나간 미래 _Futures Past_』(1985)[3], 『개념사의 실제: 역사에서의 시간과 개념에서의 위치 파악하기 _The Practice of Conceptual History: Timing History, Spacing Concepts_』(2002), 『시간의 층위: 가능한 역사들에 대하여 _Sediments of Time: On Possible Histories_』(2018) ― 에서 살펴볼 수 있다. 역사에는 내재적 의미도 없고, 신학적 중요성도 없으며, 법칙에 기반한 합목적성이나 방향도 없다. 그렇지만 우리는 역사를 통해 인간 경험을 연구함으로써 정치 이데올로기의 가능한 진화 형태나 그것들이 얼마나 광신적일 수 있는지에 관해 한없이 현실적인 감각을 가질 수 있게 된다. 코젤렉은 『개념사 _Begriffsgeschichte_』 작업을 통해 딜타이(Dilthey)와 마이네케(Meinecke)의 접근방식을 다듬어냈다. 코젤렉이 보기에, 개념을 사용하는 방식이 시간의 흐름에 따라 변화하면서 정치사상사에 관한 보다 미묘하고 복잡한 서술이 가능해졌으며, 대신 질서정연함과 자신 있는 일반화를 찾기는 어려워졌고, 증거는 훨씬 정교해졌으며, 근대 정치에 대한 비관주의가 확산되었다.

당연한 일이겠지만, 『개념사』에서 제시된 기법을 다른 나라에도 적용하려는 시도들이 있었다. 롤프 라이하이트(Rolf Reichardt)의 『프랑스 정치·사회 기본개념 편람 1680-1820 *Handbuch politisch-sozialer Grundbegriffe in Frankreich 1680-1820*』, 조국, 자유, 시민, 문명 같은 개념들을 다루고 있는 1990년대 네덜란드 책 시리즈인 '네덜란드의 개념사 시리즈(Reeks Nederlandse Begripsgeschiedenis)', 멜빈 릭터(Melvin Richter)의 『정치 사회적 개념의 역사*History of Political and Social Concepts*』(1995), 그리고 핀란드의 『개념사에 대한 의견들*Contributions to the History of Concept*』이라는 학회지를 출간하는 정치적, 사회적 개념의 역사 연구모임(The History of Political and Social Concepts Group)의 출범 등이 그 사례라고 할 수 있다.

『역사적 기본개념*Geschichtliche Grundbegriffe*』의 편집자들을 비롯해 이후 개념사에 관심을 둔 여러 학자들이 지금껏 마주하고 있는 문제들 중 하나는 이것이다. 개념들이 사회적 변화를 포착해내는 것일까, 아니면 개념들이 사회적 변화를 야기하는 것일까? 개념적으로 구성된 이념들은 실제로 의미론적 변화나 혁신을 통해 의미를 변화시킬 수 있는 역사적 행위자들

이 사용할 만한 의미의 요체를 생성해내는가? 코젤렉이 주장
대로 그것이 사실이라면, 정치사상에 대한 연구는 당대에 대
한 사회적 분석을 통해 규정되는 상황적 맥락으로부터 분리
해낼 수 있게 된다. 사건들이 이념을 가로막거나 변화시킬 수
는 있겠지만, 개념 자체가 역사 속의 변화를 추적할 수 있게
끔 가능한 행위들의 범위를 설정한다고 할 수 있으므로 역사
가 변화를 이끌어 낸다고 말하기는 어렵다. 이렇게 개념사의
하위 분과라고 할 수 있는 정치사상사는 독자적인 중요성을
갖는 독립적인 하나의 학문이 되었다.

제 7 장

미셸 푸코와
통치성

푸코와 에피스테메

미셸 푸코는 보통 자크 데리다(Jacques Derrida), 질 들뢰즈
(Gilles Deleuze), 장프랑수아 리오타르(Jean-François Lyotard)
— 1979년에 출간된 리오타르의 유명한 책『포스트모던의
조건*La condition postmoderne*』[1]을 통해 '포스트모던'이라는 용어
가 일반적으로 쓰이기 시작했다 — 와 같은 학자들에 의해
주창된 후기구조주의 혹은 포스트모더니즘 사조와 함께 언
급되곤 한다. 데리다의 책『그라마톨로지*De la grammatologie*』
(1967)[2]는 이 그룹의 선언문, 즉 '텍스트 바깥에는 아무것도
없다(il n'y a pas de hors-texte)'라는 내용을 간결하게 담고 있
는 책으로, 이는 곧 저자의 죽음을 선포하는 것을 가능하게

했다. 텍스트는 정신적 풍토에 다양한 방식으로 영향을 끼칠 수 있으며, 텍스트 그 자체가 생명력을 갖고서 무한한 해석을 가능하게 하고, 시간의 흐름과 상황의 변화에 따라 해석은 끊임없이 조정된다.

'원-글쓰기(arche-writing)'라고 불리는 데리다의 혁신적인 텍스트 연구 방법은 루소의『언어 기원에 관한 시론*Essay on the Origin of Languages*』에 대한 면밀한 분석 작업에서 잘 드러난다. 데리다는 저자의 의도는 저자가 자신의 의견을 표현하는 데 있어 의존했던 언어나 논리에 의해 제약될 수밖에 없다고 주장했다. 그리고 텍스트의 완전한 의미는 텍스트 해체 작업 시 텍스트가 저자가 상상한 한계를 넘어설 수 있다는 사실을 받아들일 때 비로소 드러날 수 있다고 했다. 저자와 텍스트는 서로 구분되어야 한다. 어떠한 해석도 완전하다고 할 수 없다. 저자의 의도를 탐구하는 것이 필요할 때도 있지만 그것만으로 의미를 규정하기에는 불충분하다. 저자의 전기나 정신분석학적으로 연구된 저자의 무의식을 통해 파악해낸 계급의식 역시 불충분하기는 마찬가지다. 텍스트는 불확정적이다. 심지어는 같은 지점에서 서로 배치되는 여러 의미를 내포한다거나 각기 다른 상황에서 독자들에게 읽히면서, 텍스트 내부에서 내용상의 충돌이 벌어질 수도 있다.

텍스트의 의미를 파악해내기 위해 푸코가 사용했던 방식

과 데리다가 사용했던 방식 간에 겹치는 부분도 있지만, 푸코의 방식은 후기구조주의적 사상들과 서로 구분될 필요가 있다. 푸코가 유의미한 변화를 거쳐 자신만의 독자적인 길을 추구했다는 점에서도 그렇지만, 일반적인 사상, 그중에서도 특히 정치를 연구하는 푸코의 방식이 매우 남달랐기 때문이다. 이러한 푸코의 연구방식은 아마도 오늘날 전 지구적으로 가장 영향력 있다고 할 수 있을 정도로 중요한 유산이 되었다.

푸코는 초기 작업에서 정치사상을 특정한 역사적 시대에 구체적으로 존재하는 포괄적인 지식 집합체에서 파생된 것으로 바라보았다. 그는 이러한 지식 집합체를 인식론적 장(field) 또는 그리스어로 지식을 뜻하는 에피스테메(epistémè)[3]라고 불렀다. 에피스테메는 상징과 언어에 대한 연구를 통해 파악될 수 있다. 에피스테메는 시간이 흐름에 따라 바뀌고, 대부분은 무작위적인 다양한 요인에 의한 산물이다. 당대의 에피스테메는 어떤 것들이 사회적 관행으로서 합리적이고 정당하게 간주될 수 있을지를 결정한다. 에피스테메는 계속해서 도전받고 결국에는 무너지면서, 또다른 지배적인 에페스테메에게 자리를 내주게 된다. 그것 역시 우세한 지위를 누리다 사멸하게 되겠지만 말이다. 푸코는 사회적 행위나 정치 구조 이면에 있는 에피스테메를 파헤치면서, 그로서는 객관적 실체가 존재하지 않는다고 믿었던 학문과 지식에 대한 레토릭 너머에서 실제로 무슨 일이 일어나고 있는지를 밝혔다.

푸코의 주장이 인기 있는 이유 중 하나는 그가 베일 뒤에 가려져 있던 세상을 보여주었기 때문이다. 숨겨진 사회 질서와 사물의 실상을 드러내는 것은 마르크스 사상에서 흔히 찾아볼 수 있는 특징인데, 루이 알튀세르의 절친한 친구였던 젊은 푸코도 마르크스의 영향을 매우 크게 받았다. 푸코는 후기 저작에서는 에피스테메를 포기하고, 대신 니체의 계보 개념을 선호했다. 푸코는 계보란 서로 충돌하는 담론들로 구성되어 있다고 보았다.

푸코는 1926년 푸아티에(Poitiers) 지방의 중산층 가정에서 태어났으며 파리고등사범학교에 진학해 헤겔 연구자인 장 이폴리트(Jean Hippolyte)와 대표적인 프랑스 공산주의자이자 마르크스에 대한 눈에 띄는 독창적 해석자였던 알튀세르의 가르침에 매료되었다. 푸코는 철학과 심리학을 함께 공부하면서 정상과 비정상이 정의되는 방식을 들여다보는데 심취했고, 이는 곧 그의 첫번째 책『정신병과 인격*Maladie mentale et personalité*』(1954)으로 이어졌다. 이 책에서 푸코는 정신병을 앓고 있는 것으로 간주되는 사람들을 감금하는 것을 자본주의의 끔찍한 악이라고 정의했다. 푸코의 작업 중 가장 마르크스주의적인 작업이었다. 푸코는 이후 1961년『광기와 비이

성: 고전주의 시대의 광기의 역사*Folie et déraison: histoire de la folie à l'âge classique*』(1964년에 '광기와 문명(Madness and Civilization)' 이라는 제목으로 영문 번역됨)와 1963년 『임상의학의 탄생: 의학적 시선의 고고학*Naissance de la clinique: une archéologie du regard médical*』(1972년 영문 번역 출간됨)⁴을 출판했다. 푸코는 두 책을 통해 18세기 들어 중세와 초기 근대의 광기에 대한 인식이 극단적인 치료법이 필요한, 혹은 사회로부터 '환자'를 격리해야 할 필요가 있는 위험한 질병으로 재정의되었으며, 이러한 인식은 필리프 피넬(Philippe Pinel)이 1794년 비세르트 정신병원에서 '미친' 수용자들을 해방시키기 전까지 계속되었다는 점을 보여주었다.

19세기 근대부터 1950년에 이르기까지, 미친 사람들이 고문받는 일은 더이상 없었지만, 자본주의 사회의 잉여 인간들과 사회에 적응하기를 거부하는 사람들이 정신병동에 함께 가둬졌다. 푸코는 제라르 드 네르발(Gérard de Nerval), 마르키드 사드(Marquis de Sade), 프리드리히 니체(Friedrich Nietzsche) 등 장막 너머를 들여다보며 사회의 진실을 밝히고 고립과 감금의 관행을 정당화하는 근대적 합리성을 비판한 사상가들을 높이 평가했다.

푸코는 이후 출간된 더욱 야심찬 작업들, 이를테면 『임상의학의 탄생: 의학적 시선의 고고학*Naissance de la clinique: une*

archéologie du regard médical』(1963),『말과 사물: 인간과학의 고고
학Les mots et les choses: une archéologie des sciences humaines』(1966),『지식
의 고고학L'archéologie du savoir』(1969)[5] 등에서 이성과 광기에 관
해 다루며 과거에 대한 자신의 접근법을 '고고학'이라 부르기
시작했다. 푸코는『말과 사물』을 통해, 살아가고, 생산하고,
말하고, 삶과 노동, 언어를 즐기는 존재로서의 인간에 초점을
맞춘, 그렇기에 생물학, 경제학, 문화의 관점에서 분석될 수
있는 인간과학의 역사를 면밀히 살펴보았다. 푸코는 진리 ―
실제로는 존재하지 않는 구성된 개념에 불과한 ― 를 쫓는 과
정에서 인간과학의 계승자들은 스스로를 속이고 있다고 주
장했다. 그들이 하는 일은 해당 시기의 지배적인 에피스테메
에 의해 결정되는 것이기 때문이다.

　푸코의 에피스테메와 토머스 쿤의 패러다임 간의 유사성
이 제기될 수도 있겠다. 토머스 쿤이 제시한 패러다임이라
는 개념은 무엇이 합리적이고 타당한지에 대한 인식을 형성
하는 과학적 관행 뒤에 숨겨져 있는 전제를 일컫는 말로써,
다른 패러다임에 의해 반박되고 교체되기 전까지 정상과학
을 규정한다. 하지만 푸코의 에피스테메는 그에 비해 정교하
게 묘사되어 있지 않고, 엄밀하게 조직화되어 있지도 않으며,
일관되지도 않다. 에피스테메의 붕괴는 논박에 의해 발생하
는 것이 아니라 파열이나 갑작스러운 단절로 표현할 수 있을

정도로 임의적으로 발생한다. 인식 가능한 지식이라는 배턴이 하나의 인간 사회에서 다른 사회로 전달된 적은 없다. 진보가 이뤄진 적도 없다. 역사에는 패턴이라는 것이 존재하지 않는다. 엄청난 관심을 끌었던 푸코의 급진적인 결론은 명확히 정의 가능한 주제로서의 인간과학은 존재한 적이 없었다는 것이었다. 객관적 지식이라는 관념은 어떤 형태의 객관성이건 간에 근본적으로 아무런 의미가 없다. 진정한 사실이라는 것도 존재하지 않는다. '진짜' 현실이라는 것도 존재하지 않는다. '주체(subject)'라는 개념도 존재하지 않으므로, '인간(Man)'이라 불리는 자율적이고 창의적인 주체를 옹호하는 것도 그만두어야 한다.

푸코와 고고학

마르크스주의자들을 비롯한 여러 집단은 푸코가 회의주의자라며, 철저한 상대주의자라며, 니체식 허무주의자라며 다양한 이유로 그를 비난했다. 푸코가 사회 문제에 대한 어떠한 해결책도 갖고 있지 않다고 공격하기도 했다. 현재의 문제에 대한 해결책을 제시하는 것을 지식인의 역할로 보지 않고, 계속해서 반대만을 일삼는 비판자라는 것이다. 만일 철학이나 역사에 아무런 의미가 없다면 푸코는 기존 사회 질서를 옹호하는 학자로 여겨질 수 있다. 그런 관점에서라면 현재의 질서는 그 어떤 사회 질서와 마찬가지로 타당하다고 할 수 있기 때문이다.

푸코가 그러한 비판을 그대로 수용하지 않았다는 것은 1969년 『지식의 고고학』이 출간되면서 분명해졌다. 푸코는 역사를 의미를 창출해내는 언어나 상징이 진화해가는 과정으로 바라보기보다는 투쟁의 계보학이자, 니체가 비이성적 추동력이라 칭한 힘에의 의지(a will to power)에 대한 계보학, 그리고 지배와 통제가 상존하는 것으로 바라보아야 한다고 주장했다. 어떤 투쟁이든 그 결과는 특정한 사회의 주된 세력이 주변부를 억압하고, 통제하고, 감추고, 제거할 수 있는 역량에 따라 결정된다. 사회에 존재하는 보이는 그대로의 권력관계, 즉 제도적 장치뿐만 아니라 사회적, 개인적 관점, 관습, 습관, 매너, 태도, 사람들이 자기 자신과 세상과 관계 맺는 방식을 형성하는 권력관계를 들여다보는 것도 중요하지만, 권력 있는 자들이 자신의 행위와 그를 위한 전략을 정당화하기 위해 사용하는 전략 역시 고려되어야 한다. 억압당하는 사람들 역시도 스스로를 지키거나 처한 상황을 바꾸기 위해 자연스럽게 전략과 전술을 사용한다.

푸코에게 있어 억압과 통제는 어떤 사회이건 간에 쉽게 식별되는 것이 아니었다. 마르크스주의자들에게처럼, 사회를 그저 바라본다고 해서 완전히 억압받는 자와 억압하는 자, 즉 세상을 뒤집거나 유지하기 위해 투쟁하는 거대한 두 계급이 드러나 보이는 것은 아니었다. 푸코에게 있어 권력관계란 모든 곳에 존재하며, 인생의 모든 단계와 모든 상호작용에 존재했다. 사회에서 통제를 발견하는 것은 어떤 때는 쉽지만 어떤 때는 거의 불가능에 가까운데, 사회적 존재의 근간을 이루는 구조 자체가 통제이기 때문이다.

고고학의 주제는 담론(discourse), 언표(statement), 사건(event), 그리고 '아카이브(archive)' 같은 것들인데, 그중에서도 아카이브는 사람들의 언표를 이해하게끔 하고 세상을 바라보는 특정한 관점에 우월한 지위를 부여함으로써 사회적 의미를 창출해내는 구조들의 체계를 의미한다. 힘의 의지로서 사람들이 행하는 담론적 실천은 언어에 의해 규정된다기보다는 기술적, 실제적, 경제적, 정치적, 사회적 요인들에 의해 형성되고 또 그것들을 형성한다고 할 수 있다.

푸코는 정치사상사에 있어 저자의 의도를 중시하거나, 저자가 새롭게 만들어낸 부분을 찾으려고 하거나, 과거로부터 사상의 기원을 찾고자 하는 시도들에 기반한 접근법들을 지속적으로 거부했다. 푸코에게 있어 저자는 죽은 채로 남아 있다. 과거를 이해하기 위해 우리가 기댈 만한 역사적으로 식별 가능한 기본적 내러티브라는 것은 존재하지 않으며, 오히려 영구적으로 존재하는 연속성과 불연속성, 숨겨져 있거나 겉으로 드러난 권력관계, 그리고 행위와 담론의 거대한 그물망이 존재할 뿐이며, 이 모든 것은 분석과 조사의 대상이 된다. 푸코의 접근방식에 있어 가장 기초가 되는 것은 발화된 언표이다. 언제나 시공간 속에서 규정되며, 한 주어진 시대에 있어 한 사회적, 경제적, 지리학적, 또는 언어적 테두리 내에서 발화적 기능이 수행되는 틀을 형성하는 익명적인 역사적 규칙들, 즉 담론적 실천(discursive practice)을 파악해내기 위해 발화된 언표를 분석되어야 했다. 푸코의 초기작과 후기작을 관통하는 주제는 분기(divergence), 즉 뭔가 맞지 않는 듯한 느낌 혹은 억압받고 있는 감각에 대한 상찬이었다. 푸코에 따르면, 그러한 감각들은 지금까지 사람들이 인식해온 것에 비해 훨씬 더 널리 퍼져 있었다.

정상화[6]와 생명정치

푸코가 콜레주 드 프랑스에서 사유체계의 역사(Histoire des systèmes de pensée)[7]의 담당 교수로 일하기 시작한 1970년대 초반부터 십여 년 동안 담론과 권력의 관계는 현대의 문제와 과거의 문제를 분석하는 데 있어 가장 핵심적인 요소였다. 이는 바로 어마어마하게 인기가 있었던 푸코의 강의에서 다루고 있는 내용이었다. 당시 콜레주 드 프랑스의 교수는 1년에 26시간의 강의를 해야 했고, 그중 절반은 현재 연구하고 있는 주제를 다루는 대중 강연이어야 했다. 강의는 해를 거듭하며 다양한 주제와 영역을 넘나들었는데, 정치경제, 거버넌스, 심리학적 권력, 사회적 및 심리학적 '일탈(deviance)', 그리고 인간 주체에 이르는 다양한 주제들이었다. 푸코에게 있어 담론이란 특정한 절차에 따라 통제되고, 선택되고, 조직되고, 재분배되는 것이었으며, 그 절차는 논리와 문법부터 검열에 이르기까지 담론이 사회 안에서 갖는 타당성과 기능을 결정하는 규칙들을 설정하는 것이었다. 언어와 사회적 행위에 대한 '감시행위(policing)'를 찾아내고 명명해야 했다.

푸코는 그의 방법론을 계보학적이라 불렀는데, 이는 1971년에 출간된 그의 유명한 논문인 『니체, 계보학, 역사』에서 등장한 표현이다. 푸코는 비이성, 현대적 합리성에 대한 비판자들, 그리고 와인, 풍요, 광기, 황홀감, 쾌락적 존재에 전념하는 그리스/로마의 신 디오니소스/바쿠스의 방식대로 살아가는 사람들과 같은 주제에 매료되어 있었다. 푸코는 그런 방식으로 살아가는 삶에는 사람들이 생각하는 것보다 훨씬 더 강력한 힘이 있다고 주장했다. 그러한 삶을 통해 저항함으로써 세상을 더 나은 곳으로 바꿀 수 있다고 했다. 현존하는 권력 체계의 요구에 순응하도록 강제하는 담론의 구속으로부터 인간성을 해방시킬 수 있기 때문이다.

푸코의 모든 책 중에서 가장 영향력 있는 책은 『감시와 처

벌: 감옥의 탄생*Surveiller et punir: naissance de la prison*』(1975)[8]이라
고 할 수 있는데, 이 책은 이전 작인『광기와 비이성: 고전주의
시대 광기의 역사』에서의 주요 주장을 반복하며 18세기 말
까지를 포함하는 고전주의 시기와 근대 시기를 구분한다. 푸
코가『광기와 비이성』에서 '정신질환자'들을 다루는 치료법,
즉 미친 사람들을 숨겨놓고 그들의 성격 자체를 개조하여 온
순하고 순종적으로 만들어 '정상적인' 삶으로 돌아갈 수 있게
만드는 치료법의 개발에 관심을 두었다면,『감시와 처벌』에
서 푸코의 관심은 감옥과 법적 처벌의 문제로 옮겨갔다.

　『감시와 처벌』은 고전주의 시대의 특징이 권위에 대항한
사람들에 대한 잔인한 형태의 처벌 — 고문, 참수, 저잣거리
에 끌고 다니기, 능지처참하기 등 — 로 설명될 수 있음을 보
여준다. 반면, 근대적 감옥이 등장하고 신체형이 줄어들게 된
근대 시기는 그동안 19세기, 20세기의 논평가들에 의해 동
정심과 개화의 가능성이 부상한 시기로 설명되어왔으며 그
러한 발전은 축하할 만한 일로 여겨져왔다. 푸코는 이에 대해
근대의 통제 기술이 훨씬 더 대단한 것은 맞지만, 다른 이유
에서가 아니라 지배적인 지식 체계의 필요에 따라 관찰되고,
기록되고, 형성될 수 있는 온순한 신체를 요구한다는 점에서
대단한 것이라 주장했다. 푸코는 '권력의 중심에 있거나 중앙
권력지향적인 사람들'을 '전략의 일환이라고 할 수 있는 담론

의 대상인 다양한 "감금" 장치들에 신체와 힘이 종속되는 것'을 경험하게 함으로써 '규율화된 개인들을 탄생'시키는 '감옥 도시(the carceral city)'를 규탄했다.

『감시와 처벌』은 곧 푸코가 '근대 사회에서의 정상화를 추동하는 권력과 지식의 형성'이라 이름 붙인 연구들로 이어지게 되고, 이러한 내용은 각각 1976년의 강의인 『사회를 보호해야 한다*Il faut défendre la société*』[9]와 1977-1978년의 강의인 『안전, 영토, 인구*Sécurité, territoire, population*』[10]에 반영되어 있다. 이 무렵 푸코는 숭배의 대상이 되어 있었다. 그의 강의는 널리 호평을 받으며, 대중적으로도 알려졌고, 강연장에서 수용할 수 있는 인원보다 훨씬 많은 사람들이 강의를 듣고자 모여들었다. 푸코의 강의는 근대 국가가 인구를 통제하고 국가의 권위에 습관적으로 복종하도록 만들기 위해 사용하는 규칙과 관행에 대한 문제를 점점 더 많이 다루기 시작했다. 푸코의 주장에 따르면, 근대 국가는 심지어 살아 있는 존재의 모든 면을 꼼꼼히 규정함으로써 국민들이 특정한 삶의 형태를 추구하도록 만드는 데 전념했다. 규정된 사회적 관행은 매우 합리적이고 삶에 필요한 것으로 여겨지게 되며, 그렇기에 국가에 거주하는 많은 개인들은 그 관행을 내면화하게 된다.

푸코가 『감시와 처벌』에서 서술한 다양한 직접적인 통제 기술에 덧붙여, 푸코는 1970년대 말에 있었던 강의를 통해

'생명권력(biopower)'이라는 개념을 추가한다. 생명권력이란 1978년 1월 11일에 있었던 강의에서 언급되듯, '인간이라는 종의 기본적인 생물학적 특성들을 정치적 전략, 즉 권력의 일반적 전략 대상으로 만들어버리는 일련의 매커니즘이자, 다른 말로 하자면 18세기부터 근대 서구 사회가 인간 역시 하나의 종이라는 근본적인 생물학적 사실을 받아들였던 방식에 대한 것'이다.

　푸코는 초기 근대 유럽에서의 소도시(town)의 성립에 대해 사회적, 도덕적, 경제적, 행정적 공간의 규율이 조직화된 것이라고 주장했다. 소도시에서 생명권력은 상거래에 참여하고 사회적 위생을 유지하도록 거주민들에게 부과된 명령에 따라 작동한다. 생명권력은 곧 사회의 모든 구성원을 푸코가 '통치성(governmentality)'[11]이라 이름 붙인 것을 통해 규제하는 것을 의미한다. 여기서 통치성이란 특정한 사회에 살고 있는 사람들을 어린이로서, 숭배자로서, 도덕적인 어른으로서, 가구 구성원으로서, 한 개인이자 한 국민국가의 신민(subject) 혹은 시민으로서 다스리기 위해 고안된 테크닉이나 절차를 이르는 말이다.

　통치성과 그것이 함의하는 바에 대한 관심이 높아졌다는 것은 18세기에 정치경제학이라는 새로운 학문이 등장했다는 사실을 통해 알 수 있다. 정치경제학은 인구를 면밀히 조사하고 사람들의 행동을 측정함으로써 통치성을 강화하는 데 도움이 되는 지식의 한 형태였다. 같은 맥락에서, 정치경제학은 경제력을 바탕으로 스스로를 방어할 수 있는 안전한 국가의 필요성을 강조했다. 통치성은 조사, 평가, 통제를 위한 정부 기구 및 지식 체계와 함께 발전하는 경우가 많았다.

통치성이 잘 작동한다는 것은, 사람들이 국가를 통치하는 지배자의 명령에 따라 자신의 자의식까지도 규정한다는 것을 의미했다. 푸코가 주장한 통치성의 힘은 워낙 널리 퍼져 있어서, 18세기, 19세기 자본주의에서 발전해왔다고 여겨진 개인주의나 개성도 사실 폭넓은 균질화(homogenization)와 정형화(regularization)의 과정 중 일부에 불과했다. 사람들은 아마도 자신이 저항하고 있거나 문화적 산물에 반대되는 방식의 행동을 하고 있다고 생각하겠지만, 사실 그들은 강압적 통제를 가하는 현존하는 시스템을 부지불식간에 유지시키고 있는 중이다. 저항은 통치 체제에 실질적으로 영향을 주지 않는, 특히 국가와 국가를 형성하고 있는 권력 체계를 위협하지 않는 일상생활의 영역에서 용인되었다.

통치성에 의한 억압의 문제에 대한 푸코의 해결책은 '여러 세기에 걸쳐 우리에게 부과되었던 개인성 모델을 거부함으로써 주체성(subjectivity)의 새로운 형태'를 추구하는 것에 있었다. 이에 대한 자세한 설명을 위해 성과 섹슈얼리티의 역사를 다룬 푸코의 『성의 역사*Histoire de la sexualité*』 3부작[12]을 들여다보자면, 푸코는 마지막 저작에서 성적인 실험과 즐거움을 위한 동양의 관행과 점차 확대되는 신체와 정신에 대한 서양식 통제를 대조했다. 푸코는 현대 서양에서 성의 해방이라 여겨지는 행위들도 실은 기존 권력 구조를 강화하는 역할을 하고 있다는 결론을 내렸다. 푸코는 성을 인격 형성의 수단으로 여겼던 그리스 로마 시대를 되돌아보며, 당시의 성적 관행들을 근대적 충동과 대비하여 설명했다. 푸코가 보기에 근대적 충동은 성을 사회에서의 행동을 정상화하기 위한 수단으로 사용하는 것과 관련된 것으로서, 그는 성 아우구스티누스에서 그 기원을 찾았다.[13]

푸코와 정치사상사

연구를 위한 방법론과 과거와 현대의 삶의 실제 모습을 면밀히 탐구한 것 이외에 푸코가 정치사상사에 기여한 것은 무엇일까? 다양한 방식으로 대답할 수 있겠지만, 여기서는 푸코가 마키아벨리를 다뤘던 방식을 들여다보고자 한다. 푸코가 보기에 마키아벨리가 세상을 바라보는 근대적 시선을 갖추고 있다는 스트라우스주의자들의 주장은 말이 안 되는 것이었다. 마키아벨리가 논하는 군주는 자신이 특정 영토에 대해 주권을 가진다고 확신하고 있다. 푸코가 보기에 이는 정치사에서 중요했던 하나의 이야기의 끝부분에 해당했다. 푸코의 문장을 그대로 가져오자면 이렇다. "마키아벨리가 정치사상의 영역에 있어 근대로 향하는 문을 열어젖혔다는 생각에 동의하지 않습니다. 저는 오히려 그가 한 시대의 마지막을 장식했다고, 혹은 군주의 안전과 영토의 안전이 가장 중요한 문제였던 시기의 최정점을 찍었다고 이야기하고 싶습니다."

푸코에 따르면, 마키아벨리 이후에는 상업이 모든 것을 바꿔놓았다. 푸코는 강의에서 이렇게 말했다. "우리는 완전히 다른 문제가 부상하는 것을 보고 있습니다. 더이상 영토를 유지하고 획정하는 것이 문제가 아니라, 순환이 일어나도록 허용하는 문제, 즉 순환을 관리하고, 좋은 순환과 나쁜 순환을 가려내고, 항상 그 순환 속에서 모든 것이 움직이도록 하는 것이 문제가 됩니다." 영토 보전은 더이상 문제가 아니다. 중요한 것은 인구의 안전과 그들을 통치하는 자들의 안전이다. 다른 말로 하자면, 마키아벨리의 세상이 생명정치의 부상에 굴복한 것이다. 통치성은 국가의 중요한 기능이 되었다. 1978년 1월 25일 강의에서 푸코가 언급했듯, 국내 인구에 대한 통치가 새로운 관심 대상이 되면서 '박물학에서 생물학으로, 부의 분석에서 정치경제학으로, 일반 문법에서 역사문헌학으로 이행'이 진행됐다. 전통적인 지식 체계는 생활, 노동과 생산, 그리고 언어에 대한 학문으로 변모해갔고, 그럴수록 통치성과 그 정신을 조성하기가 더 수월해졌다.

푸코의 관점에서 근대 자유주의 내부에는 드러나야 할 모순이 있었다. 권리를 비롯해 복지 국가, 그리고 호황과 불황의 경기 순환을 조정하기 위한 규칙들을 포함하는 서구 자유세계의 제도들은 '사회주의, 파시즘, 혹은 민족사회주의로의 전환 과정에서 수반될 자유의 축소를 막아야 한다는 이유로' 정당화된다. 푸코는 자유주의적 제도와 관행, 즉 '자유를 창출하기 위한 매커니즘이자 정확하게는 자유를 생산하도록 요구되는 매커니즘이 실제로는 만들어내고자 하는 바로 그 자유를 능가하는 파괴적인 영향을 끼친다'고 주장했다. 푸코는 미래에 '자유주의의 위기'가 도래할 것이라 예견하며, 자본주의가 아니라 자본주의를 일부분으로 포함하는 통치성의 훨씬 포괄적인 억압적 효과가 그 원인이 될 것이라 주장했다.

푸코는 또한 지금은 신자유주의로 널리 알려진, '시장이 국가의 감독을 받는 것이 아니라 국가가 시장의 감독하에 존재하게 되는' 새로운 유형의 자유주의에 대해서도 우려의 목소리를 내비쳤다. 푸코가 보기에, 그러한 전개는 유럽보다도 미국에서 훨씬 더 위협적인 방식으로 이뤄지고 있었다. 유럽의 자유주의는, 실상은 어떻든 간에, 늘 국가의 권력을 제한하는 것을 추구해왔다. 유럽의 자유주의자들은 시장에 맡기는 것이 훨씬 더 나을 법한 사회의 영역들에 국가가 개입해서는 안

된다고 주장해왔다. 푸코의 설명에 따르면, 미국에서는 자유주의가 18세기의 혁명을 통한 독립을 정당화했고, 곧이어 미국이라는 나라가 세워졌다. 북아메리카에 퍼지게 될 신자유주의는 고전적 자유주의와는 완전히 달랐다. 신자유주의에서 시장은 마치 영원한 심판자인 양 국가의 행위를 측정하고 평가하는 역할을 맡게 되었기 때문이다.

푸코는 무엇보다도 과거와 현재 사회에 대한 비판자였으며, 자주 무시되거나 존재하지 않는 것으로 여겨지는 부당함과 억압의 실상을 확인하고 장막 뒤의 진실을 밝혀내기 위한 도구들을 제공했다. 푸코의 연구는 두 세대에 걸친 여러 학자와 저술가들에게 영감을 주었다. 적어도 정치사상사에 관심이 있는 다양한 사람들의 연구에 많은 영향을 끼쳤다는 사실만큼은 널리 인정받는 사실이다. 푸코가 끼친 전반적 영향이 아니라 특정한 학문에 끼친 영향을 설명하자면 더욱 어렵다. 푸코 안에서 이런저런 생각들이 이리저리 널뛰었다는 점이 하나의 이유가 될 텐데, 상상력을 가진 소수의 사람만이 찾아낼 수 있는 연결고리를 품고 있는 푸코의 분산적인 글쓰기에 이러한 특징이 잘 반영되어 있다.

이는 곧 푸코주의적 방법론이나 푸코주의적 해석과 같은 것은 존재하지 않는다는 것을 의미한다. 그 대신 푸코와 연관된 관점이나 접근법은 있을 수 있다. 푸코에게서 영감을 받은 키스 트라이브(Keith Tribe)의 신자유주의 비판이 좋은 예다. 트라이브에 따르면, 경제적 합리성으로 세상을 설명하는 신자유주의적 방식은 과거에 정치, 덕성, 윤리에 의해 점유되었던 공적 공간을 소멸시켰다. 그로 인해 고대 그리스 때부터 찾아볼 수 있었던 정치의 언어는 새로운 언어 아래 지워졌고, 독립선언서나 헌법, 권리장전과 같은 미국의 공화주의적 논쟁의 기념물들은 한쪽으로 밀려났다. 통치성에 대한 푸코의 정의를 중심으로 바라보면, 신자유주의는 '가장 부정적인 의미의 비(非)미국적인 것'이라 재서술될 수 있겠다.

제 8 장

지구성, 도덕성, 그리고 미래

정치사상사의 의의

1960년대 말부터 스트라우스, 푸코, 코젤렉, 그리고 케임브리지학파의 저자들의 저술들이 정치사상사 연구에 점차 큰 영향을 끼치게 되었다. 이러한 선구자들이 과거와 정치사상을 연구하는 방식은 매우 독특했지만, 그들 모두 역사를 진지하게 받아들이면서도 텍스트의 고유한 이념적 맥락을 분석해 텍스트의 의미를 재구성하고자 노력하였고, 또한 이미 지나간 것들로부터 현재에 대한 하나의 관점을 발전시키고자 노력했다. 그들은 특히 '지구화(globalization)'[1]라고 불리게 될 현상에 대해 비판적이었다. 역사를 분석하는 방식으로서의 마르크스주의와 의도적인 사회 변혁의 매커니즘으로서의 프롤레타리아 혁명은 더이상 채택되지 않았지만, 자본주의가 만들어낸 세상은 고질적인 전쟁과 광신적인 정치, 과거에 대한 경멸, 역사를 통해 아무것도 배우지 못하는 것처럼 보이는 특성들로 인해 계속해서 공격의 대상이 되었다.

현재에도 비이성의 힘이 얼마나 압도적인지를 살피고, 현대 정치인들이 맹목적으로 고수하는 전통에 비해 훨씬 더 나을 수 있는 전통을 복원함으로써, 학자들은 정치사상사 연구를 통해 현대 사회의 문제와 연관된 사안들이 역사 속에서 어떠한 방식으로 전개되었는지를 이해하면서 지금의 문제를 다른 시선으로 바라볼 수 있도록 훈련된다. 조악한 이념적 세계관을 간파해내는 것은 언제나 유용한 일이지만, 비판적이기만 해서는 안 된다는 점을 짚고 넘어갈 필요가 있다. 그보다 우리는 정치사상사를 통해 주어진 상황에서 계획 가능한 범위의 정치적 행위가 무엇인지 그려보고 그러한 행위들이 성공할 수 있는 확률을 계산해볼 수 있다. 정치사상사는 특정 사회의 강점과 약점을 파악할 수 있는 감각을 길러준다는 점에서 미래를 예견하는 힘을 갖고 있기도 하다. 하지만 무엇보다도 정치사상사는 정치적 위기의 본질과 가능성에 대한 정보를 제공해준다.

정치사상의 역사를 알고 있으면, 정치를 맥락적으로 파악하는 것이 가능해진다. 새롭게 등장한 듯한 주제들도 오랫동안 이어져 온 논쟁에 기여하고 있는 것으로 바라볼 수 있으며, 그를 통해 더 잘 이해될 수 있다. 일반적으로 서구에서 바라보는 중국 정치의 모습은 동양의 전제주의에 가깝다. 즉, 중국은 선거를 하지 않고, 전제적으로 통치되며, 부패하고, 궁극적으로는 정당성이 없는 국가라는 식이다. 하지만 특히 동양과 서양을 모두 경험한 일부 저술가들의 주장에 따르면 실상은 매우 다르다. 중국에서의 공산당의 집권을 사회 하층부에서 통치를 잘해낸 사람만이 고위 공직에 오를 수 있다는 일종의 능력주의[2]로 바라본다면, 그것은 충분히 정당화될 수 있다. 이러한 체제하에서는 어떤 직위든 업무를 실패하는 경우 직위를 박탈당함으로써 그 대가를 치르게 된다. 권한을 행사한 것이 재앙으로 이어졌을 때는 해당 정부 관료가 감옥에 갇히기도 하는데, 실제로 2011년 저장성의 공업항 도시인 원저우시에서의 고속철도 추돌 사고 때 그런 일이 있었다.

이러한 현능주의(賢能主義)의 결과 중 하나는 극도로 가난한 배경을 가진 인물도 정상까지 올라갈 수 있다는 점이다. 그가 낮은 직위에서도 훌륭한 통치를 해내 그 결과 더 큰 책임을 부여받는다면 말이다. 비판할 지점이 있다면 이러한 작동방식이 오직 남성에게만 적용된다는 점이겠으나, 이는 대부분의 정부 조직이 가진 문제다. 중요한 것은 이러한 성별 편중의 문제에도 불구하고, 현능주의와 상향 이동성이 체제에 대한 대중적 지지로 이어진다는 점이다. 대중들은 공공선을 추구하지 않는 사람은 공직에 오래 남아 있지 못할 것으로 생각하고 있기 때문이다.

이러한 장면은 서양의 민주 정치의 모습과 대조된다. 서양에서는 공직 경험이 전혀 없거나 공공선에 부합하는 통치 방식에 대한 교육을 전혀 받지 못한 남성 — 모든 정치 체제에서 이 자리에 들어갈 성별은 주로 남성인 경우가 많다 — 도 대통령이 될 수 있다. 우크라이나의 사례처럼, 기존의 정치인들이 자기 잇속만 차린다는 이유로 경멸받고 있어서 TV 시리즈에서 훌륭한 대통령을 연기한 인물이 실제 대통령으로 선출되는 체제가 어떻게 정당화될 수 있을까? 미국의 경우에도, 보기 드문 전문성을 갖춘 중국 관료들과는 달리, 조지 부시(George W. Bush)나 버락 오바마(Barack Obama)처럼 정치권에 꽤 오래 있었던 인물들마저도 실제적인 국정 경험이 부족한 상태에서 고위직에 올랐다. (조 바이든Joe Biden은 예외적인 경우이다)

영국의 상황은 조금 다르다. 영국의 총리였던 마거릿 대처(Margaret Thatcher)가 알고 지냈던 혹은 함께 일했던 사람들은 모두 몇 개 안 되는 사립학교 출신이거나 옥스퍼드 혹은 케임브리지대학 출신이었다. 누가 보기에도 대처의 세상에서 지도층이 된다는 것은 사회의 여러 부문에서 높은 지위를 누리는 것을 의미한다는 인상을 주었다. 뒤이은 토니 블레어(Tony Blair), 데이비드 캐머런(David Cameron), 테레사 메이(Theresa May), 혹은 보리스 존슨(Boris Johnson) 정부에서도 같은 특징이 발견된다는 점을 고려한다면, 영국은 민주정일까, 아니면 귀족정일까, 아니면 금권 정치 국가일까? 300년 전 초대 총리인 로버트 월폴(Robert Walpole)이 왕립 장학생(King's scholar)으로서 이튼에서 교육받았으며, 보리스 존슨 역시 정확히 같은 교육을 받았고, 그나마 다른 점이 있다면 월폴은 케임브리지대학을 다니고 존슨은 옥스퍼드대학을 다녔다는 것인데, 이는 중요하게 고려되어야 할 사항일까?

중국의 저술가들은 서구의 정치인이나 사업가는 실패 때문에 처벌받는 일이 없다고 주장하곤 했다. 그들은 얼마나 끔찍한 결정을 내렸건, 얼마나 인기가 없건 간에, 회사를 떠나더라도 늘 업계에서 돈이 되는 자리를 찾을 수 있었고, 평범한 사람들 입장에서는 꿈에서나 들어볼 법한 높은 임금을 누릴 수 있었다. 비즈니스 업계에서 한 사람이 이사회를 옮겨다니는 것은 흔히 볼 수 있는 장면이다. 영국에서 기사 작위, 훈장, 그리고 '공로(service)'에 대한 '표창(gong)'은 아주 예외적인 경우에만 박탈될 수 있다. 이와는 대조적으로 중국에서는 공직이나 기업에서의 회전문 현상은 존재할지라도, 채용면에서는 훨씬 더 평등하다고 할 수 있으며, 공무에 대한 훨씬 투철한 감각이 존재한다.

　한편 최근 중국 내 소수 민족이 겪고 있는 상황에 대한 증거들은 중국 옹호론자들의 증거를 위협하고 있다. 상업화된 곳이라면 세계 어디서나 그렇듯 중국 역시 부패 문제가 만연해 있다. 급속한 산업화로 인한 환경 파괴 역시 중국에는 큰 과제다. 하지만 '독립적인 관찰자라면 중국의 정부 형태가 공공 서비스 정책 면이나 남성에게만 해당될지라도 능력주의를 표방한다는 면에서 여전히 서구 민주주의보다 더 우월하다는 견해를 가질 수도 있다'라는 주장 자체는 여전히 유효하다.

　그렇게 되면 중국이 서양과는 완전히 다른 정치적 전통을 발전시켜왔다는 결론에 도달하게 될 수 있다. 하지만 이는 잘못된 결론이다. 실제로 낮은 직위에서 능력을 입증해야만 공직을 유지할 수 있다는 식의 관념은 서양 정치사상사에서도 흔하게 찾아볼 수 있다. 18세기 말 프랑스에서 새로운 형태의 정부를 만들고자 했던 시에예스(Sieyès)가 세웠던 고유한 계획 속에서 그 사례를 찾을 수 있다. 시에예스는 폴란드의 새로운 정부 형태에 대한 장자크 루소의 연구를 참고하고 있었다. 독일 철학자인 헤겔도 그들을 뒤따랐다. 중국의 현능주의에 대한 긍정적 묘사는 공공선을 표방하고 실천으로 옮기는 교육 받은 정치/관료 계급을 떠올리게 한다는 점에서 헤겔적이라고 할 수 있다.

중국 모델의 지지자들은 18세기에 존재했던 대의 민주주의에 대한 대표적 비판 중 하나를 그대로 반복하곤 한다. 사람들은 늘 돈이 많고, 잘 알려져 있고, 명성이 있는 사람을 뽑으려고 하기 때문에, 대의 민주주의는 소수가 집권하는 귀족정으로 변모하기 가장 쉬운 체제라고 말이다. 이는 대의 민주주의 하에서도 정치인들이 모두를 위한 것이라는 말로 둔갑한 사익 대신 공익을 추구하게 만드는 것이 언제나 어려웠음을 의미한다. 헤겔의 합리적 관료제에 대한 반론 역시도 관료들이 사악한 이익에 쉽게 굴복하게 된다는 내용이었다. 마르크스가 프러시아의 예를 통해 설명했듯 말이다. 그 와중에 벤담은 공공선에 대한 추구가 실천으로도 이어질 것이라 확신하기 위해서는, 공공선을 과학적으로 속속들이 분석하여 정의 내리는 방법뿐이라고 주장했다. 이것이 곧 공리주의 철학의 목표였다.

오늘날 정치사상사 분야와 관련한 중요한 사실은 1960년대 이후에 발전한 학문적 접근방식들이 공격받고 있다는 점이다. 여러 비판 중 하나는 정치사상사가들이 과거에 대해 충분히 비판적이지 못하다는 주장이다. 그러한 비판에 따르면, 사회는 분명 진보했다고 할 수 있으며, 그 이전에는 탄압과 부정의가 있었다. 역사책은 당연히 최근의 진전과 현재의 우월성에 초점을 맞춰야 하고, 인권을 고려했을 때는 더더욱 그렇다. 물론 이러한 방식의 접근이 평등주의적인 유토피아를 향한 진전에 도움을 줄 수 있다. 실제로 과거를 바라보는 이와 같은 관점이 정치사상사에 대한 자유주의적, 신자유주의적, 마르크스주의적 접근방식에 많은 영향을 끼쳤으며, 지금도 몰역사적인 사회과학 연구에서, 아니면 정치철학자들의 정치학 연구에서 이러한 관점을 흔하게 찾아볼 수 있다. 이런 식으로 역사 자체에 도덕적 의미를 부여하려는 요즘의 경향은, 때때로 '지구적'이라고 불리는 관점을 취함으로써, 마치 새로운 역사학을 주창해 완전히 새로운 학문을 하고 있다고 믿으며 기존의 유토피아적이고 목적론적인 역사학을 답습할 위험성을 갖고 있다.

또다른 비판은 오래된 마르크스주의적 요구의 변형인데, E. P. 톰슨(E. P. Thompson)의 주장대로 역사적 기술들이 개인들을 '후손들의 지나친 멸시[3]'로부터 구해내기 위해 사용되어야 한다는 주장이다. 이러한 주장은 톰슨의 『영국 노동계급의 형성 *The making of the English Working Class*』(1963)[4]에서 등장한다. 톰슨은 '계급이 등장하기 이전의 계급 투쟁'이라고 할 수 있는 18세기 말, 19세기 초 영국의 저항 운동에 참여한 평범한 사람들 — 마르크스주의적 도식에 따라 노동 계급의 역사적 역할을 점차 인식하게 되는 사람들 — 의 잊힌 목소리를 훌륭하게 복원하였다. 톰슨은 정치 경제 사상사에서 그가 '도덕 경제(moral economy)'라 이름 붙인 것들, 즉 자유방임주의, 절대적 재산권, 이기심에 대한 정당화가 정치사상 전반을 지배하기 이전의 세상을 규정짓는다고 주장했던 것들을 밝혀내는 데는 그리 성공적이지 못했기에 도덕 경제라는 범주의 내용은 대부분 비어 있지만, 그래도 톰슨의 연구 덕에 이후 세대의 학자들이 톰슨의 발자취를 뒤쫓아 사회사 연구자가 될 수 있었다. 라나지트 구하(Ranajit Guha)와 같은 종속집단(subaltern) 연구자들도 전 세계에 존재하는 억압받는 사람들, 특히 부당한 식민 통치하에서의 피해자들의 목소리를 복원하라는 톰슨의 명령을 따르고 있다. 이러한 연구들은 톰슨의 연구가 그랬던 것처럼 같은 방식으로 환영받고 있다. 이러한 접근법이 방법론적으로 독특하다고 추정하는 사람들도 있다. 하지만 그렇지 않다. 종속집단 연구는 정전(正典)의 범위를 넓히고 잃어버린 전통과 무시되어왔던 관점을 회복한다는 점에서 1960년대 이후 널리 주목받아온 접근법을 따른 것뿐이다.

지구적 정치사상사

이 책은 이미 사망한 백인 남성 철학자들의 정전(正典)을 중심으로 구성된 책은 아니다. 그럼에도 정치사상사를 연구한 유명한 학자들이 모두 고인은 아닐지라도, 주로 그들의 주제만큼이나 모두 남성이고 유럽인일 가능성이 높기 때문에 고정관념이 강화된 것이 아닐까? 플라톤, 아리스토텔레스, 마키아벨리, 홉스, 루소가 있던 자리에 스트라우스와 포콕, 스키너, 코젤렉, 푸코가 등장했다. 백인 남성으로만 이루어진 집단은 다양한 관점이 결여된 집단으로 간주되는 경우가 많다. 남성이라는 점, 백인이라는 점, 그리고 특정한 역사적 상황 속에서 살았다는 점은 당연히 관점 형성에 영향을 미친다. 하지만 위에서 언급한 저자들에게는 그들의 사상을 둘러싼 이념적 맥락의 다양성이 존재한다. 그래서 현재의 새로운 맥락이 정치사상사 연구와 그 이해에 추가적으로 반영되는 일이 없을 거라는 뜻이 아니다. 일례로, 지금에 와서야 우리는 정치사상사에서의 여성의 역할과 젠더의 중요성을 더 온전하게 이해하게 되었다. 연구자들이 다양해지고 맥락주의적 방법론의 실천 방식이 다양해지는 것은 환영받을 만한 일이다.

정치사상사를 둘러싼 공공연한 비판 중에는, 앞에서 언급했듯 일차적으로는 유럽중심주의적이고, 그다음으로는 북아메리카에만 지나치게 집중하고 있는 학문이라는 비판이 있다. 하지만 유럽과 북아메리카의 정치사상이 여전히 더 면밀히 검토될 가치가 있다는 것은 일반적으로 받아들여지고 있는 사실이다. 포콕이 말했던 것처럼, 어쨌든 우리는 아직도 유럽의 정치사상이 어떻게 '다신교적, 철학적, 수사적인 지중해적 맥락에서 일신교적, 신학적, 법학적인 유럽적 맥락으로' 변화해왔는지에 대해 충분히 알지 못한다. 너무 많은 유럽 출생의 남성 철학자들이 가장 중요한 정치 이론가 리스트에 포함되어 여전히 많은 사람에게 상찬받고 있다는 비판은 여전히 유효하지만, 다행스럽게도 1960년대부터 발전해온 연구 방법론을 훈련받은 수많은 학자들이 비유럽 정치사상에 관한 연구를 진행하고 있다. 일례로 우리는 예전에 비해 훨씬 더 많은 유교, 불교, 신도, 이슬람교, 동방정교회 정치사상에 대해 알고 있다.

정치사상은 각기 다른 장소에서 서로 다른 맥락을 가지고 존재한다. 이러한 맥락들은 따로 떼어볼 수도 있고, 각자의 독특한 역사를 지닌 다른 장소의 정치사상과 역동적인 관계를 맺을 수도 있다. 정치사상은 서로 다른 사회 형태에 따라 각기 다른 의미를 가진다. 유럽적 규범과 완전히 단절된 사회에서는 서양의 범주를 넘어선 이해 방식이 필요하다. 이런 면에서 지구적 지성사에 대한, 정치사상사에도 적용해볼 수 있는 앤드류 사르토리(Andrew Sartori)의 최근 주장에 동의하지 않을 사람은 별로 없을 것이다. 그는 독특한 철학적 방식으로 형성된 다양한 세계가 있으며, 이들 세계 간의 관계를 면밀히 조사할 필요가 있고, 이를 위한 유효한 비교 기법이 개발될 필요가 있다고 주장했다. 다른 말로 하자면, 무역, 정치적 책략, NGO들의 지구화 현상과 이와 연관된 '자본주의'를 비롯한 여러 이념들을 연구하는 것은 충분히 가치가 있다는 의미다. 이러한 열망은 정치사상사가들이 발전시킨 방법론과 전적으로 일치한다.

사르토리는 더 나아가 '글로벌'한 사상들을 '서구적' 기원으로 환원시킬 수 없다고 주장했다. '지구적' 관점은 어떤 식으로든 각자가 갖고 있는 선입관을 스스로 찾아낼 수 있도록 발전해야 한다. 유럽중심주의가 인종주의적, 단편적, 제국주의적, 식민주의적인 면모를 갖고 있다는 비판이 존재한다는 점을 생각했을 때 이는 매우 중요한 지적이다. 간단히 말하자면, 사르토리는 명백하게 혹은 은근하게 오리엔탈리즘에 대한 비난을 반복하고 있는 셈이다. 오리엔탈리즘은 '동양에 대한 서양의 인식'이라는 부제를 달고 1978년 출간된 에드워드 사이드의 책[5]을 통해 유명해진 개념이다. 사이드 스스로는 동양/서양 이분법에 저항하는 사람만이 '장소를 특정할 수 없는 관점'을 가진 객관적이면서도 탈역사적이고, 순수한 도덕적 주체가 될 수 있다는 식으로, 자신이 역사를 일종의 교훈적인 이야기로 탈바꿈시켜버린 것은 아닌지 회의하기도 했지만 말이다. 어쨌든 사르토리의 지구적인 것에 대한 논변은 오리엔탈리즘에 저항하는 관점에 대한 역사적 근거를 마련할 수 있다는 희망을 준다는 점에서 중요하다고 할 수 있다.

하지만 여전히 남아 있는 문제는 정치사상과 그 역사를 다루는 하나의 방법론이자 도덕적 설교라 할 수 있는 '지구적인 것'을 구체화된 방법론이나 정치에 대한 분명한 통찰과 연계시키기가 특히 어렵다는 데 있다. 사르토리에게 있어 지구적인 것이란 '믿기지 않을 정도로 전면적으로 연결된 전 지구적 통합'을 의미하는 것이 아니라, 오히려 '특정한 장소나 위치로의 환원에 저항하는 자본주의 사회의 특징적인 사회 추상화 방식'에 가깝다. 마르크스에게 경의를 표하는 듯한 이러한 정의는 지구적인 것에 대한 연구도 사실은 새로울 것이 없다는 것을 보여준다. 지구화라는 단어 자체는 최근에 등장했지만, 일반적으로 17세기부터 시작된 과정으로 여겨지는 개인과 국가 간의 전례없이 긴밀한 상호 연결성을 상징하는 의미로 쓰인다. 지구화 과정에 대한 논의도 분명 18세기부터 이루어지고 있었다. 19세기가 되면 지구적 세계의 함의가 이데올로기 변화에 대한 새로운 설명 토대가 된다. 1820년에 출간된 헤겔의 『법철학*Rechtphilosophie*』이나 1820년대에 헤겔이 베를린대학에서 개설했던 세계사 철학 강의[6]가 이를 잘 보여준다. 헤겔의 전망은 지구적 변환에 대한 가장 야심찬 요구로 이어졌는데, 그것이 바로 마르크스와 엥겔스의 『공산당 선언』이었다.

도덕적 차원에서 논의되는 지구적인 정치사상에 대한 사변과 마르크스주의적 유산 사이에는 분명 연관성이 존재한다. 포콕이 지적하기도 했던 지구적인 것의 위험성 중 하나는 지구적인 것에 대한 추구가 "맥락"이라는 개념의 포기까지는 아니더라도 그에 대한 비판을 포함한다는 점이다. 마치 마르크스주의가 여러 국가에서 곧 다가올 사회주의로의 지구적 변환이라는 미명 아래 전통적 종교, 정치, 철학, 사회를 맹비난했던 것처럼, 지구적인 정치사상 역시 비슷한 방식으로 지역적인 것, 전통적인 것, 오랜 기간 확립되어온 것들을 무시해버릴 가능성이 있다. 실제로 그런 일이 일어난다면, 정치사상에서의 지구적인 것을 추구한다는 것은 다양성을 제거하고 문화를 동질화하고, 사유 및 실천의 통일성을 요구하는 등 지성적 관점에서 글로벌 자본주의와 다름없는 것이 되어버린다. 다시 한번 강조하지만, 포콕은 이러한 두려움에 대해 언급한 바 있으며, 포콕에게 이는 역사의 상실 그리고 더 나아가 의미 있는 정치적 정체성의 상실을 의미했다.

현재 진행중인 역사를 살펴보면, '제국주의적', '후기식민주의적' 시기는 '우리' 스스로 무력화될 정도로 아주 빠르게 글로벌 자본주의에 의해 계승되고 있다. 글로벌 자본주의는 이 행성의 경제를 통합할 뿐만 아니라 글로벌 시장에 의해 주조되어 지속적인 자기변신을 원하는 글로벌 시장의 요구를 충족시키기 위해 상품을 끊임없이 생산해내는 인스턴트 문화를 공급하고 있다. 이러한 세상에서, 정치와 역사가 설 자리는 없다. 정치와 역사를 고유한 지속성과 결단의 수단을 포함한 시공간적 문화의 산물로 여긴다면 말이다.

지구화 이전의 세계와 그 당시 정치문화에 관한 연구는, 다양한 맥락을 감지해내는 역사적인 안목을 통해 우리의 모든 신념은 맥락적으로 우연하다는 깨달음과 함께 중용(moderation)에 도달할 수 있다는 것을 이해하지 못하는 사람들에게 외면받을 우려가 있다. 만일 지구성을 만물을 꿰뚫어보는 이념이자 객관적인 이념으로 편협하게 정의 내린다면, 모두가 괴로워질 것이다. 20세기 후반 이후 정치사상사의 가장 중요한 결과 중 하나인 지구화에 대한 비판은 여기서는 이만 접어두고자 한다.

정치사상사에서의 도덕적 판단

현재 우리가 옹호하는 가치와 상충되는, 의문스럽거나 가끔은 혐오스러운 도덕성을 지녔기에 단순히 잊혀야 마땅한

죽은 백인 남성에 대한 연구는 외면하는 것이 맞을까? 뱅자맹 콩스탕(Benjamin Constant)을 예로 들어보자. 콩스탕은 인생 대부분을 한량처럼, 난봉꾼처럼 살았다. 도박에 중독되어 있었고, 그의 연인들 중 가장 잘나갔던 안느 루이스 제르멘드 스탈(Anne-Louise Germaine de Staël) — 유럽에서 가장 부유한 여성 중 한 명이었다 — 이 꽤 오랜 기간 동안 콩스탕의 빚을 갚아주었다. 어느 순간 드 스탈은 콩스탕의 행동이 받아주기에는 지나치다는 사실을 받아들였고, 1817년 죽음이 가까워졌을 때 그녀는 더이상 콩스탕을 보지 않기로 했다. 이런데도 콩스탕은 당연하게도 근대 자유주의의 창시자이자 권리, 자유, 대의정부를 위한 투사로 칭송받고 있다. 명백히 성차별주의적이며 방탕한 콩스탕의 모습을 알고도, 우리는 그의 글을 읽어야 할까? 콩스탕의 저작을 정치사상사 필독 도서 리스트에서 삭제해야 할까? 이는 오늘날 이 분야의 특징을 보여주는 중요한 질문이지만, 새롭지는 않다. 모든 사회에서는 그 기원과 관련한 이야기가 만들어진다. 종종 알 수 없는 이유로 어떤 학자가 유행하다 또 저물기도 한다.

지난날 기독교의 영향력이 상당했던 유럽 대륙 전역에서는 저자가 가진 신념이 무엇인지에 따라 연구대상이 되어도 되는지, 그리고 연구된다면 어디에서 연구될지가 정해졌다. 가톨릭 대학이라면 루터교도인 푸펜도르프를 아예 다루지 않거나, 그의 저작 중 공격적으로 여겨지는 부분을 삭제했을 것이다. 개신교 대학이라면 파올로 사르피(Paolo Sarpi)의 『트리엔트 공의회의 역사』(1619)를 가르쳤을 것이다. 사르피가 신부였음에도 불구하고 반종교개혁 운동을 조롱하고 있는 것처럼 보이기 때문이다. 당시엔 숨겨진 베스트셀러를 취급하는 방대한 시장도 존재했는데, 포르노그래피부터 가십성 신문, 마키아벨리와 홉스의 저작까지 범위도 다양했다.

어떤 정치적 텍스트가 대중에게 가장 적합할지에 대한 검열이나 공식적인 판단은 언제나 있어왔다. 허구의 이야기이긴 하지만, 움베르토 에코(Umberto Eco)의 『장미의 이름The Name of the Rose』(1980)을 읽어보면 정치사상사에서 다루고 있는 이런 종류의 문제를 잘 이해할 수 있다. 이 소설은 중세 장서관에 있는 고대 필사본에 담긴 이단적 사상 때문에 장서관을 불태우는 이야기를 담고 있다. 에코는 책에서 웃음을 옹호한 것으로 알려진 아리스토텔레스의 분실된 텍스트의 내용을 풍부하게 창조해냈는데, 그 내용이 지상의 죄와 비참함 이후에 올 진정한 삶을 위한 금욕, 참회, 기도에 집착하던 베네딕토회 수도자인 부르고스의 호르헤의 집착을 건드린 것으로 나온다. 그렇다면 모든 사회는 순수의 나선(purity spirals)[7]의 영향하에 있으니, 콩스탕이나 콩스탕 같은 다른 학자들을 연구하는 것을 걱정해서는 안 된다는 것이 이 책의 교

훈일까? 나는 콩스탕이 공화주의적 광신주의, 종교와 정치
사이의 관계, 어떻게 해서라도 전쟁을 피하는 데 필요한 정치
적 절제력(moderation)에 관해 쓴 글은 여전히 읽을 만한 가치
가 있다고 생각한다.

　현재의 관점으로 과거를 재단하는 것은 어떤 경우든 좋지
않은 발상이다. 더이상 역사를 활용할 수 없다거나 역사로부
터 얻을 것이 없다는 의미나 다름없기 때문이다. 오히려 과거
를 통해 현재를 더 잘 이해하는 것이 목표가 되어야 한다. 제
국을 예로 들어보자. 제국은 이제 사악한 단어로 여겨진다.
사유와 실천을 모두 탈식민화해야 한다는 이야기로 온통 가
득하다. 이는 특히 대학에서 교육과정을 들여다보고 읽을 텍
스트를 선정할 때 제국이라는 미명하에 벌어진 잔학 행위가
얼마나 끔찍했는지, 수탈이 얼마나 심각했는지, 압제자들이
얼마나 가혹했는지, 그런 정부 형태 속에서 살아가는 삶이 얼
마나 참혹했는지에 관한 텍스트를 가르치기로 결정하는 것
으로 연결될 수 있다. 이런 작업들도 물론 중요하다. 여러 제
국주의 체제하에서 발생했던 끔찍한 일들에 대해 아는 것도
분명 필요하다. 하지만 이게 제국에 대해 할 수 있는 이야기
의 전부는 아니다.

　인류 역사의 대부분의 기간 동안 아주 많은 사람이 제국의
멍에라고 이름 붙일 만한 압제 밑에서 주권을 상실한 채로 살

아왔다. 지금까지 알려진 고대 세계의 대부분을 차지했던 거대한 제국들, 예를 들면 아시리아제국, 페르시아제국, 마케도니아제국, 로마제국을 생각해보자. 우마이야 왕조의 영토는 인더스강부터 이베리아반도까지 펼쳐져 있었다. 잉카제국은 1491년에 현재의 에콰도르부터 칠레에 이르는, 위도 차이가 32도까지 나는 광대한 영토를 가졌다. 근대 이후 등장한 대영 제국은 다른 제국에 비하면 존속 기간은 짧았지만, 전체 지표면의 4분의 1을 차지했다. 이들 중 지속적인 저항에 직면했던 제국은 소수이다. 물론 그 이유가 사람들이 끊임없이 억압당하고, 무력하고, 처참하게 살아가야 하는 사회를 즐겼기 때문은 아닐 것이다. 제국에 살았던 사람들이 저항하거나 기회가 있을 때 이주하지 않았던 이유는, 제국이 평화와 연관된 정부 형태이기 때문이다. 제국에 사는 사람들에게는 권리도 자유도 없었을 것이다. 하지만 평화는 불안정한 것일지라도 충분히 가치 있는 것으로 여겨졌을 것이다. 정치사상사에서 영원한 평화에 대한 소망은 한때 정치학에서 중요한 범주였던 보편군주제를 정당화하는 데 이르게 된다. 보편군주제란 다른 모든 정치적 인물들 위에 올라서 평화를 가져올 만한 힘과 권위를 가진 한 명의 군주가 모든 영토를 다스리는 것을 의미한다.

제국과 정치적 성공 간에는 생각보다 깊은 관련성이 있다.

다양한 현대 종교의 기원에 관한 설화를 들여다보면, 보편 군주에 가까운 인물들은 평화를 가져온 인물로서 숭배받는다. 선지자와 신은 혼돈이 있는 곳에 질서를 가져온다. 종교와 제국주의는 함께 가는 경우가 많았고, 그 안에서 포교와 전쟁은 하나로 섞였다. 이와 마찬가지로, 오늘날 대부분의 기업들을 포함한 많은 성공적인 경제 조직들도 이익이나 혁신과 관련하여 거의 신화적인 능력을 지닌 한 인물에 의해 기틀이 잡혔다고 얘기된다. 영감을 주는 카리스마를 가진 인물은 회사를 세운 후 경쟁자를 물리쳐야만 회사를 성공시킬 수 있다. 경제 영역 전반에서 보편군주제 모델이 지배적인 위상을 지니고 있다. 거의 모든 기업은 제국처럼 행동할 때 성공적이라는 평가를 받는다. 최고 경영자는 독점적인 권력을 가져야 하며, 그를 통해 다른 모든 이들 위에 올라서고, 빠르고 효율적으로 판단을 내리고, 변하는 모든 상황에 대처하고, 무엇보다도 회사를 성장시켜야 한다. 사람들은 생활을 위해 필요한 상품을 공급해주는 영역에서나, 믿음을 가지고 있는 종교의 영역에서는 제국주의적 모델을 찬양하지만, 정치 영역에서는 정반대로 하고 있다는 사실에 주목할 필요가 있다.

제국을 세우려고 하는 군주가 평화를 정착시키겠다는 구실로 끊임없는 전쟁을 일으키는 경우가 많다는 점이 하나의 이유가 될 테다. 많은 근대 정치사상들은 초기 전쟁에서 승리하면 평화와 번영이 찾아올 거라고 약속하는 강력한 독재자들의 부상을 어떻게 막을 수 있을지를 고찰해왔다. 그리고 현재 많은 이들은 제국을 폄하하면서도, 자신이 살고 있는 국가를 위대하게 만들어주겠다고 약속하는 민족주의 통치자와 포퓰리스트 정치인 아래 살고 있다. 위대해진다는 것은 조만간 더 커진다는 것을 의미하게 되는 경우가 많음에도 말이다.

하지만 이러한 주장들이 곧 제국이 좋다는 결론으로 이어지는 것은 아니다. 매우 큰 국가들을 현대의 제국이라 본다면, 현대의 제국은 특히 동질적이고 피상적인 문화가 특징인 경우가 많다. 그뿐만 아니라 제국주의적 압제가 끝난 후에도 탈식민지화 과정은 보통 전쟁을 수반한다. 얼마나 많은 신생 독립 국가들이 내전으로 무너졌는가? 얼마나 많은 사람들이 자유를 선언한 후에 서로를 향해 무기를 들기로 결심했는가? 정치사상사를 공부하는 학생들에게는 제국이라는 존재를 단순히 없애버릴 수 없다는 사실이 아주 명백하게 보인다. 제국을 없애버릴 거라면, 제국이 무너진 후 전쟁의 발발을 막을 수 있는 전략을 고안해야만 한다.

제국과 관련한 두번째 문제는 언제나 제국이 도전받고 분할되면 또다른 제국주의적 권력이 그 자리를 차지하게 된다는 점이었다. 18세기 세간에는 제국을 붕괴시켜야 한다는 강박이 존재했다. 반면 사상가들은 프랑스 혁명 초기에 있었던 제안대로 프랑스가 식민지를 해방시킨다면 영국이 재빨리 그 자리를 꿰찰 것이라는 점을 알고 있었다. 제국을 없애는 것은 하나의 압제적인 통치 시스템이 또다른 것으로 대체되는 위험을 감수해야 한다는 것을 의미한다. 제국주의적 통치를 거부하고 더 나은 것을 찾는 것은 절대 쉬운 일이 아니다. 단순히 제국은 나쁜 것이라 선언만 하고 그 이상 더 나아가지 않는다면, 제국이 더 번성하게 내버려두는 것밖에는 안 된다.

물론 역사적 분석을 통해 한 사회에서 부족하다고 여겨지며 언제나 준수해야 할 필요가 있는 도덕적 명령을 선언할 수도 있다. 하지만 역사가 이런 식으로 다뤄지면, 성찰이 거의 수반되지 않는 '정치사상사가 아닌 것들'이 갑자기 만연해질 위험이 있다. 역사에 관심을 두지 않은 사회에서 너무나 자주 번성했던 목적론적이고 민족주의적인 정치적 주장들이 다시 등장할 수도 있다. 현재의 관점으로 과거를 함부로 평가할 수 없다는 것을 다시 한번 강조하고 싶다. 인간의 동물 소비를 생각해보자. 치명적인 질병의 발생과 연관된 환경 문제 때문에, 혹은 동물이 겪는 폭력과 생명의 상품화에 대한 혐오 때문에 두 세대를 거치기도 전에 인간 사회에서 육식이 아주 나쁜 것이 되었다고 가정해보자. 그런 관점에 공감하는 사람들은 육류 소비에 진심이었던 문화권에 살았던 과거의 사상가들을 부정적으로 바라볼 것이다. 사상가들의 연구를 훑어보고 만일 거기서 육류 소비에 대한 긍정적인 언급을 발견한다면, 해당 사상가와 그가 쓴 저작은 모두 퇴출되어야 하고 더이상 읽혀서는 안 되는가? 그런 식으로는 아무것도 얻지 못한다.

인간은 자연을 착취하거나 세상을 더 많은 인간들로 채우는 능력에서뿐만 아니라 역사를 바라보는 관점에 있어서도 전환점에 놓여 있는 것 같다. 과거는 단순화되어 흥밋거리 기사들로 온라인에서 유통된다. 조각난 역사가 그 결과물이다. 오늘날 정치학의 가장 근본적인 문제 중 하나는 정치를 몰역사적으로 바라본다는 점이다. 진보를 당연한 것으로 전제해버리면, 현재 우리의 정치를 비판하는 사람들은 모두 우리가 중시하는 가치에 대한 적이 되어버린다. 정치사상사는 그러한 사변들에 대해 충고해준다. 그 자체로 불확실성과 여러 난점들로 가득한 정치는 일반화나 보편적 원칙을 통해서는 절대 이해될 수 없기 때문이다. 정치사상사를 연구하면 분명히 알 수 있듯, 현 정치에 대한 완벽한 일반화는 현명하지 못한 일이다.

그렇다면 정치사상사가 할 수 있는 일은 무엇일까? 정치사상사는 미래에 대한 의심과 불확실성을 과거에 표출됐던 두려움들과 나란히 놓고 바라볼 수 있게 해준다. 사람들이 민주적인 폭도들이 일으킨, 혹은 군인 혹은 재력가의 모습을 한 독재자가 일으킨 정치 혁명으로 종말을 맞게 되지 않을까 예상하는 것은 역사에서 처음 있는 일은 아니다. 마찬가지로 종교 전쟁을 다시 일으킬 것만 같은 정치적 광신주의도 흔히 찾아볼 수 있었다. 상업 사회에서는 안정과 평화에 대한 위협은 언제나 값싼 보석이나 장신구를 탐하는 방식으로 존재해왔고, 이는 사람들이 공동체와 정치를 외면하게끔 만들었다. 말솜씨가 뛰어난 기업인이나 정치인들이 대중을 현혹하며 제시하는 사회적, 세계적 변화에 대한 복음주의적 책략 역시 위험하다. 당대의 정치에 대한 사상을 면밀히 살핌으로써 얻어낸 과거에 대한 지식을 활용하면, 우리가 서로에 대해, 그리고 더 넓은 세상에 대해 갖고 있는 의무와 책임(그리고 정부가 갖고 있는 의무와 책임)을 보다 명확하게 볼 수 있고, 또 현실적으로 인식할 수 있다.

감사의 말

이 책을 뛰어난 학자이자 가장 훌륭하면서도 넓은 아량을 지닌 정치사상사가인 나의 친한 친구 크누드 하콘센(Knud Kaakonssen)에게 바친다. 크리스토퍼 드 벨라이그(Christopher de Bellaigue), 토니 블랙(Tony Black), 마이클 드로렛(Michael Drolet), 제임스 해리스(James Harris), 베라 카포시(Béla Kapossy), 콘래드 로슨(Konrad Lawson), 가브리엘 사바(Gabriel Sabbagh), 막스 스콘스버그(Max Skjönsberg), 마이클 소넨처(Michael Sonenscher), 코엔 스타펠브룩(Koen Stapelbroek), 키스 트라이브(Keith Tribe), 시루 왕(Xilu Wang), 리나 웨버(Lina Weber), 그리고 익명의 심사관들에게도 감사의 말을 전하고 싶다. 제스 왓모어(Jess Whatmore)는 연구 조교로 고생해

주었으며, 다방면에 걸친 그의 전문 지식 덕을 많이 보았다.
제니 누지(Jenny Nugee)와 루시아나 오프라허티(Luciana O'
Flaherty), 그리고 옥스퍼드대학출판부(OUP)와 함께 일할 수
있어 즐거웠다. 그리고 언제나 그렇듯 나의 아내 루스 우드
필드(Ruth Woodfield)와 아들 제스(Jess)와 킴(Kim), 데이비
(Davy)에게 가장 감사한 마음을 지니고 있다.

참고문헌

2장

Barbara Stollberg-Rilinger, 'Weibliche Herrschaft als Ausnahme? Maria Theresia und die Geschlechterordnung des 18. Jahrhunderts', in Bettina Brau, Jan Kusber, and Matthias Schnettger, eds, Weibliche Herrschaft im 18. Jahrhundert: Maria

Theresia und Katharina die Große (Bielefeld: De Gruyter, 2020), 25 n.

John Dunn, 'Why we Need a Global History of Political Thought', in Bela Kaposy, Isaac Nakimovsky, Sophus Reinert, and Richard Whatmore, eds, Markets, Morals and Political Thought: Essays in Honour of Istvan Hont (Cambridge, Mass.: Harvard University Press, 2018), 285–307.

3장

R. G. Collingwood to Chadborne Gilpatric, 17 February 1940, in James Connelly, Peter Johnson, and Stephen Leach, eds, R. G. Collingwood: A Research Companion (London: Bloomsbury, 2014), 54.

Istvan Hont, Politics in Commercial Society: Jean-Jacques Rousseau and Adam Smith, ed. Béla Kapossy and Michael Sonenscher (Cambridge, Mass.: Harvard University Press, 2015), 104–6.

4장

Laurence Lampert, 'Strauss's Recovery of Esotericism', in Steven B. Smith, ed., The Cambridge Companion to Leo Strauss (Cambridge: Cambridge University Press, 2009), 67.

Harvey C. Mansfield, Conversations with Bill Kristol, May 2015, 〈https://conversationswithbillkristol.org/wp-content/uploads/2015/05/Mansfield_Strauss_conversations_transcript.pdf〉.

5장

Peter Laslett, 'Cambridge and the Social Sciences', Cambridge Opinion, 10 Oct 1958, 5–8.

J. G. A. Pocock, 'The Historian as Political Actor in Polity, Society and Academy', in Political Thought and History: Essays on Theory and Method (Cambridge: Cambridge University Press, 2009), 217–38.

7장

Keith Tribe, 'The Political Economy of Modernity: Foucault's Collège de France Lectures of 1978 and 1979', Economy and Society, 38/4 (2009), 679–98.

8장

Andrew Sartori, 'Intellectual History as Global History', in Richard Whatmore and Brian Young, eds, A Companion to Intellectual History (London: Wiley, 2015), 201–12.

J. G. A. Pocock, 'On the Unglobality of Contexts: Cambridge Methods and the History of Political Thought', Global Intellectual History, 4/1 (2019), 1–14.

더 읽을거리

    정치사상사의 매력에 빠져들어 보는 방법 중 하나는 여기서 언급된 한나 아렌트, 이사야 벌린, 존 W. 버로우, 존 던, 미셸 푸코, 이슈트반 혼트, 라인하르트 코젤렉, 존 포콕, 주디스 슈클라, 퀜틴 스키너, 레오 스트라우스의 고전적인 책들을 읽어보는 것이다. 이 주제에 대한 좋은 입문서가 될 다른 저작들로는 데이비드 아미티지(David Armitage)의 『근대 국제 사상의 토대*Foundations of Modern International Thought*』(2013), 안나 베커(Anna Becker)의 『르네상스 국가의 젠더화*Gendering the Renaissance Commonwealth*』(2019), 애나벨 브렛(Annabel Brett)의 『국가의 변화*Changes of State*』(2011), C. A. 베일리(C. A. Bayly)의 『자유의 회복: 자유주의와 제국의 시대의 인도의 사상

Recovering Liberties: Indian Thought in the Age of Liberalism and Empire』 (2012), 에마뉘엘 드 샹(Emmanuelle de Champs)의『계몽과 효용*Enlightenment and Utility*』(2015), 그레그 콘티(Greg Conti)의 『의회, 국민의 거울*Parliament the Mirror of the Nation*』(2019), 카트리나 포레스터(Katrina Forrester)의『정의의 그림자 안에서: 전후 자유주의와 정치철학의 재탄생*In the Shadow of Justice: Postwar Liberalism and the Remaking of Political Philosophy*』(2019), 제이미 지아노초스(Jamie Gianoutsos)의『남성의 지배*The Rule of Manhood*』 (2020), 에릭 넬슨(Eric Nelson)의『히브리 공화국*The Hebrew Republic*』(2010)과『왕당파 혁명*The Royalist Revolution*』(2014), 크누드 하콘센(Knud Haakonssen)의『자연법과 도덕 철학*Natural Law and Moral Philosophy*』(1996), 새뮤얼 모인(Samuel Moyn)의 『마지막 유토피아: 역사 속의 인권*The Last Utopia: Human Rights in History*』(2010)[1], 루시아 루비넬리(Lucia Rubinelli)의『제헌권력*Constituent Power*』(2020), 해나 페니첼 피트킨(Hanna Fenichel Pitkin)의『운명은 여성이다*Fortune Is a Woman*』(1984), 제니퍼 피츠(Jennifer Pitts)의『제국으로의 전환*A Turn to Empire*』 (2005), 셸던 폴록(Sheldon Pollock)의『인간 세상 신들의 언어*The Language of the Gods in the World of Men*』(2016), 미라 L. 시겔버그(Mira L. Seigelberg)의『무국적: 현대사*Statelessness: A Modern History*』(2019), 마이클 소넨셔(Michael Sonenscher)의『상퀼로

트*Sans-Culottes*』(2008), 리처드 턱(Richard Tuck)의『철학과 통치 1572-1651*Philosophy and Government 1572-1651*』(1993)와『잠자는 주권자*The Sleeping Sovereign*』(2016)가 있다.

이제는 지구사적 관점에서 정치사상사를 설명한 책들도 여럿 찾아볼 수 있는데, 제임스 밥(James Babb)의『정치사상의 세계사*A World History of Political Thought*』(2018), 앤서니 블랙(Anthony Black)의『고대 정치사상의 세계사*A World History of Ancient Political Thought*』(2016) 등이 이에 해당한다. 유럽중심주의를 타파하고자 한다면, 특히 슈루티 카필라(Shruti Kapila)와 파이살 데브지(Faisal Devji)[2]가 쓴『실행중인 정치사상: 바가바드 기타와 근대 인도*Political Thought in Action: The Bhagavad Gita and Modern India,*』(2013), 리디아 H. 리우(Lydia H. Liu)[3]의『제국의 충돌: 근대 세계의 형성과 중국의 탄생*The Clash of Empires: The Invention of China in Modern World Making*』(2004)[4], 와타나베 히로시(渡辺浩)의『일본 정치사상사, 1600-1901*A History of Japanese Political Thought, 1600-1901*』(2012)[5], 후쿠자와 유키치(福澤諭吉)와 나카에 조민(中江兆民)의 책[6], 김영민의『중국 정치사상사*A History of Chinese Political Thought*』(2018)[7], 마이클 쿡(Michael Cook)의『고대 종교와 근대 정치: 비교적 관점에서 본 이슬람의 사례*Ancient Religions, Modern Politics: The Islamic Case in Comparative Perspective*』(2014)를 추천한다.

스트라우스에 대해 더 알고 싶다면 스티븐 B. 스미스 (Stephen B. Smith)의 『레오 스트라우스 읽기: 정치학, 철학, 유대교Reading Leo Strauss: Politics, Philosophy, Judaism』(2006)와 그가 편집한 책 『레오 스트라우스에 대한 케임브리지 지침서The Cambridge Companion to Leo Strauss』(2009), 로렌스 램퍼트 (Lawrence Lampert)의 『레오 스트라우스의 변치 않는 중요성 The Enduring Importance of Leo Strauss』(2013)이 좋은 안내서가 될 것이다. 코젤렉과 개념사(Begriffsgeschichte)에 대해 더 알고 싶다면 멜빈 릭터(Melvin Richter)의 『정치, 사회적 개념의 역사: 비판적 소개The History of Political and Social Concepts: A Critical Introduction』(1995)[8], 학술지 〈과거와 현재Past and Present〉에 실린 피터 N. 밀러(Peter N. Miller)의 논문 「나치와 신스토아주의자: 제2차세계대전 전후의 오토 브루너와 게르하르트 외스트라이히Nazis and Neo—Stoics: Otto Bruner and Gerhard Oestreich before and after the Second World War」(2002), 최근작으로는 리처드 왓모어(Richard Watmore)와 브라이언 영 (Brian Young)이 엮은 『지성사 지침서A Companion to Intellectual History』(2015)에 실린 키스 트라이브(Keith Tribe)의 글 「개념사로서의 지성사Intellectual History as Begriffsgeschichte」를 추천한다. 푸코에 대해 더 알아보고 싶다면 학술지 〈유럽사상사History of European Ideas〉에 실린 피터 고쉬(Peter Ghosh)의

논문 「시민 혹은 주체? 사상사에서의 푸코Citizen or Subject? Michel Foucault in the History of Ideas」(1997), 학술지 〈경제와 사회Economy and Society〉에 실린 토머스 렘케(Thomas Lemke)의 논문 「"생명정치의 탄생": 신자유주의 통치성에 대한 푸코의 콜레주 드 프랑스 강의"The Birth of Bio—Politics": Michel Foucault's Lecture at the Collège de France on Neo—LIberal Governmentality」(2002), 에드워드 바링(Edward Baring)의 『젊은 데리다와 프랑스 철학, 1945 – 1968 *The Young Derrida and French Philosophy, 1945 - 1968*』(2011), 프랑수아 퀴세(François Cusset)의 『프랑스 이론: 푸코, 데리다, 들뢰즈 등은 미국의 지성적 삶을 어떻게 바꿔놓았는가*French Theory: How Foucault, Derrida, Deleuze, & Co. Transformed the Intellectual Life of the United States*』(2008), 리처드 왓모어(Richard Watmore)와 브라이언 영(Brian Young)이 엮은 『지성사 지침서*A Companion to Intellectual History*』(2015)에 실린 마이클 드롤렛(Michael Drolet)의 글 「미셸 푸코와 권력과 지식의 계보학Michel Foucault and the Genealogy of Power and Knowledge」을 추천한다. 포콕의 연구를 이해하기 위해서는 지금도 여전히 포콕의 글을 직접 읽는 것이 가장 좋은 방법이다. 학술지 〈International Journal of Public Affairs〉에 실린 논문인 「창조의 순간: 라슬렛과 함께 잃어버렸던 세계로 Present at the Creation: With Laslett to the Lost Worlds」(2006)

와 학술지 〈Common Knowledge〉와 『정치사상과 역사: 이론과 방법에 대한 글들*Political Thought and History: Essays on Theory and Method*』(2009)에 실린 논문인 「퀜틴 스키너: 정치의 역사와 역사의 정치학(Quentin Skinner: The History of Politics and the Politics of History」(2004)을 추천한다. 퀜틴 스키너를 이해하기 위해서는 제임스 툴리(James Tully)가 엮은 『의미와 맥락: 퀜틴 스키너와 그의 비판자들*Meaning and Context: Quentin Skinner and his Critics*』(1988)[9]을 반드시 읽어야 하고, 애나벨 브렛(Annabel Brett)과 제임스 툴리(James Tully)가 홀리 해밀턴-블리클리(Holly Hamilton-Bleakley)와 함께 엮은 『근대 정치사상의 토대를 다시 생각하다*Rethinking the Foundations of Modern Political Thought*』(2006)도 읽어보아야 한다. 케임브리지학파에 대한 전반적인 이해를 위해서는 다리오 카스틸리오네(Dario Castiglione)와 이안 햄프셔-몽크(Iain Hampsher-Monk)가 엮은 『국가적 맥락에서 바라본 정치사상사*The History of Political Thought in National Context*』(2001), 마틴 P. 톰슨(Martyn P. Thomson)의 『정치사상사에 있어 마이클 오크숏과 케임브리지학파*Michael Oakeshott and the Cambridge School on the History of Political Thought*』(2019), 학술지 〈American Journal of Political Science〉에 실린 아드리안 블라우(Adrian Blau)의 논문 「정치사상사를 현대적 목적을 위해 사용하는/사용하지 않는 방법

How (Not) to Use the History of Political Thought for Contemporary Purposes」 (2021)을 추천한다.

주

1장: 역사와 정치

1 오스만제국의 고급 관리 혹은 고급 군인을 칭하는 표현이다.

2 1783년, 당시 외무장관이었던 찰스 제임스 폭스는 전직 총리이자 내무장관이었던 토리당의 노스 경과 손을 잡고 인도에 대한 정치적 권력을 동인도회사에서 영국 의회위원회로 이양하는 법안을 제출해 식민지 정책을 개혁하고자 시도했다. 이 법안은 하원을 통과했지만 상원에서 거부되었다.

3 오리엔탈리즘이란 동양과 서양이라는 이분법적 구별에 기반한 대립적 사고방식이자, 동양을 지배하고 재구성하며 억압하기 위한 서양의 제도 및 스타일을 말하는 것으로, 서양이 동양을 침략하면서 조작한 동양에 관한 모든 편견, 관념, 담론, 가치 이미지 등을 총칭한다.

4 디오니시오스 2세는 측근인 다모클레스를 호화로운 연회에 초대하여 한 올의 말총에 매달린 칼 아래에 있는 자신의 권좌에 앉혔다. 권좌에 앉는다는 것은 언제 떨어져내릴지 모르는 칼 밑에 있는 것처럼 항상 위기와 불안 속에 있는 것이라는 것을 가르쳐주기 위해서였다. 이후 '다모클레스의 칼'은 위기일발의 상황을 강조할 때 쓰이는 단어가 되었으며, 1961년 핵전쟁의 위험성을 경고하는 케네디의 UN 총회 연설 덕에 더욱 유명해졌다.

2장: 정의와 의의

1 성전(聖戰)으로 흔히 번역되는 단어로, 알라를 위한 무력 투쟁으로 흔히 이해된다. 하지만 '분투하다(jahada)'라는 어원을 가진 지하드의 실제 의미는 무력을 동반한 성스러운 전쟁으로만 번역되기에는 훨씬 포괄적이다. 이 책에서 지하드는 통상적인 성전의 의미로 사용되었다.

2 에티오피아는 1931년 이전에는 아비시니아라는 국명을 사용하였다.

3 신구문학논쟁(Quarrel of the Ancients and the Moderns)이라고도 불리며, 1687년 프랑스 작가인 샤를 페로(Charles Perrault)가 아카데미 프랑세즈에서 "근대 시인은 고대 그리스 로마 시인보다 뛰어나다"고 선언하면서 시작됐다고 알려져 있다.

4 유럽을 지향했던 표트르대제의 방식을 비판하며 러시아적 전통과 가치에 기반한 러시아제국의 발전을 주장했던 19세기의 지적 운동을 말한다. 이는 이후 러시아가 유럽과 아시아 그 어디에도 속하지 않는 독자적인 문명을 가지고 있으며, 유

라시아 공간에서 새로운 세력의 중심을 형성할 사명을 지녔다는 유라시아주의로 발전하게 된다.

5 번역본:『중국정치사상사』(사회평론아카데미, 2021)

6 영국의 명예혁명 전후로 형성된 '휘그' 지지자들이 갖고 있는 역사관을 지칭하는 것으로, 영국사를 휘그가 승리하는 과정으로 본다. 역사를 자연스러운 진보의 과정으로 바라보는 태도나 목적론적 역사관을 총칭하는 의미로 사용되기도 한다.

7 부활절의 준비를 알리는 재의 수요일(Ash Wednesday)에 기독교인들은 재를 이마에 십자가 모양으로 바르고 죄를 고백하며 그리스도의 고난을 묵상한다.

8 원본에는 1900년이라고 되어 있지만, 다른 대다수의 자료에는 전쟁 발발 연도가 1899년으로 되어 있다.

9 제3부 기독교 코먼웰스에 대하여, 제4부 어둠의 나라에 대하여.

10 제3편 각국의 상이한 국부증진과정, 제4편 정치경제학의 학설체계, 제5편 국왕 또는 국가의 세입.

11 서양의 다양한 대학에서 'Plato to Nato'라는 이름으로 서양정치사상사 수업을 개설하고 있다.

12 본문에서는 없다고 하지만, 해당 책을 실제로 찾아보면 Name Index 리스트에 하나 아렌트가 포함되어 있다. 다음 링크를 통해 확인할 수 있다. https://www.cambridge.org/core/books/abs/cambridge—history—of—twentiethcentury—political—thought/name—index/76BC7552C4DB8E134BB18EAE6BEB3637

13 여성은 본인이 직접 왕의 자리에 오르든, 왕의 부인이 되든 queen이라는 호칭을 받는 반면, 남성은 자신이 직접 왕이 되는 경우에는 king이라 불리지만 왕의 남편이 되는 경우에는 prince라 불린다는 의미이다.

14 차나키야, 까우띨리야, 쟈나끼야 등 다양한 이름으로 불린다.

15 번역본:『강국론—고대인도의 전략서』(해드림출판사, 2018)

16 지구사(global history)란 기존의 세계사(world history)가 유럽중심주의와 근대화 이론의 답습으로 인해 전 지구적인 역사를 제대로 포괄해내지 못했다는 문제의식에서 출발한 용어로 1990년대부터 사용되기 시작했다.

17 번역본:『정치사상사 1, 2』(한길사, 1997)

18 번역본:『존재의 대연쇄』(탐구당, 2023)

19 번역본: 『근대 정치사상의 토대 1』(한길사, 2004), 『근대 정치사상의 토대』(한국 문화사, 2012)

20 1952년 BBC 라디오를 통해 방송되었다.

3장 : 정치사상사와 마르크스주의

1 번역본: 『어느 페르시아인의 편지』(문학과지성사, 2022)

2 조지 시대는 조지 1세부터 조지 4세가 재위하던 기간, 즉 1714년부터 1830년까지 의 120년 정도의 시기를 일컫는 말이다.

3 마르크스는 『자본론』 제2판 후기에서 다음과 같이 헤겔을 비판했다. "나의 변증 법적 방법은 근본적으로 헤겔의 변증법적 방법과는 다를 뿐만 아니라, 오히려 정 반대이다. 헤겔에게는 이념의 이름 아래 독립적인 주체로까지 변화된 사유과정 이 현실세계의 창조자이고, 현실세계는 단지 이 사유과정의 외적 현상을 이룰 뿐 이다. 반대로 나에게는 이념적인 것이 인간 두뇌에서 변형되고 번역된 물질적 인 것일 뿐이다"(『자본론—정치경제학 비판』, 김정로 · 전종덕 옮김, 모두의책, 2022, p.52)

4 레닌은 1920년대 초 연설에서 발전소 건설을 통한 전국적인 전기보급계획을 발 표하며 '공산주의는 사회주의 권력에다 전 국가의 전기화를 더한 것이다'라며 이 야기한 바 있다.

5 자유주의와 민족주의를 탄압하려는 빈 체제에 저항했던 프랑스 2월혁명을 가리 키는 말로, 이 사건을 통해 프랑스 제2공화국이 설립되었으며 루이 나폴레옹 보 나파르트가 대통령으로 선출되었다.

6 실천을 의미하는 용어로 아리스토텔레스가 실천적 철학을 강조한 이래 서양 정 치사상의 주요 개념으로 사용되고 있다. 마르크스에게 '프락시스'란 인간이 행동 을 통해 의식적으로 환경을 변화시키는 것을 의미하며, 마르크스는 『독일이데올 로기』에서 "우리에게 공산주의는 조성되어야 할 하나의 상태, 혹은 현실이 따라 야 할 하나의 이상(ideal)이 아니라 오늘날의 상태를 지양하는 '현실적인 운동'" 이라 밝힐 정도로 실천행위(프락시스)를 중요하게 생각했다.

7 번역본: 『마르크스를 위하여』(후마니타스, 2017)

8 번역본: 『카를 마르크스의 역사이론—역사유물론 옹호』(한길사, 2011)

9 본문에는 Gerry Cohen이라고 되어 있지만 실제로는 Gerald Allan Cohen임.

10 본문에는 John Seeley라고 되어 있는데, 원래 이름은 John Robert Seeley (다 른 부분에서는 저자가 동일한 인물을 Robert Seeley라고 표기해 놓기도 함).

11 옥스퍼드대학교에서는 매년 유명 역사가들이 일반 대중을 상대로 영국 역사에 대한 강연을 하며, 그 내용이 책으로 출간되기도 한다.

12 『텔레마코스의 모험』 국내 번역본에는 '살렌티니 왕국'이라고 되어 있다.

4장 : 정치철학자들과 정치사상사

1 Hannah Pitkin라고 본문에 적혀 있지만, 실제 이름은 Hanna Pitkin.

2 슈클라는 최고선(summum bonum)이 아니라 최고악(summum malum)에 집중하며, 권리나 정의에 의해 도출되는 추상적이고 이상적인 자유주의가 아니라 잔혹함(cruelty)이 야기하는 공포로부터 해방되는 것을 목적으로 갖는 정치적 자유주의를 주장했다.

3 아렌트는 『인간의 조건』에서 인간이 살아가며 하는 활동을 크게 노동(labor), 작업(work), 행위(action)로 구분한 바 있다.

4 스트라우스는 여러 역사적 저술가들이 박해를 비해 자신의 의도를 텍스트에 드러나지 않게 숨겨놓았다고 주장했으며, 이를 비의적 글쓰기(esoteric writing)라 부르며 대중적 글쓰기(exoteric writing)와 대조하였다.

5 번역본: 『마키아벨리』(구운몽, 2006)

6 원본에는 "in Socrates and in Aristophanes"라고 되어 있으나, 『소크라테스와 아리스토파네스』라는 스트라우스의 저서가 있기도 하고, 책 내용에서 희극 작가인 아리스토파네스가 철학자 소크라테스가 대조적으로 서술된다는 점을 고려하여 책 제목으로 번역하였다.

7 합리적인 속성을 지닌 이성과 비합리적 믿음에 기초한 계시의 갈등은 스트라우스의 사상 전반을 관통하는 주요 개념으로, 스트라우스는 근대 계몽주의자들이 이성과 계시의 갈등에서 이성이 완전히 승리했다고 착각하고 있지만 둘의 갈등은 근본적으로 해소될 수 없음을 지적한 바 있다.

8 556개에 달하는 풍부하고도 자세한 각주가 돋보인다.

9 통상적으로는 형식, 물질로 번역되지만, 아리스토텔레스 철학에서는 질료와 형상으로 번역될 수 있음. 2015년 5월 11일에 있었던 Conversations with Bill Kristol라는 인터뷰에서 맨스필드가 밝힌 내용이다. 다음 링크를 통해 인터뷰 전문을 볼 수 있다. https://conversationswithbillkristol.org/transcript/harvey—mansfield—iv—transcript/

10 '포르투나'라 부르기도 하는 운 혹은 운명은 마키아벨리 철학에서 자주 등장하는 개념으로, 예측 불가능한 세계를 표현하기 위한 핵심 개념이다. 마키아벨리의

『군주론』의 25장 제목은 "운명은 인간사에 얼마나 많은 힘을 행사하는가, 그리고 인간은 어떻게 운명에 대처해야 하는가"이며, 마키아벨리는 이에 대해 "운명이란 우리의 행동에 대해서 반만 주재할 뿐이며 대략 나머지 반은 우리의 통제에 맡겨져 있다"고 주장한 바 있다.

5장: 케임브리지학파

1 정확한 이름은 존 로버트 실리(John Robert Seeley)인데, 원문에는 Robert Seeley라고 되어 있다.

2 번역본: 『고대법』(박영사, 2023)

3 번역본: 『몸젠의 로마사 1-6』(푸른역사)

4 원래 이름은 H. W. C. Davis인데 책에는 Davies라고 표기되어 있다. 『하인리히 폰 트라이치케의 정치사상』 출간 연도는 1914년이다.

5 라슬렛이 편집한 로크의 『통치론』은 로크의 모든 출판물과 저작들을 분석한 결과물로서 『통치론』을 읽는 데 있어 기준이 되는 판본(standard edition)으로 간주되고 있다.

6 평생교육프로그램의 일환으로 성인후기 인구에 가장 호응을 받는 교육기관이라고 한다.

7 U3A는 영국에서 1981년 시작된 노인들을 위한 교육적 기회와 관련된 가장 성공적인 교육운동이다.

8 번역본: 『서양사학사—역사에 대한 위대한 생각들』(탐구당, 2017)

9 워싱턴대학을 졸업한 사업가이자 자선가였던 윌리엄 엘리엇 스미스의 이름을 딴 교수직이다.

10 번역본: 『마키아벨리언 모멘트 1, 2』(나남출판, 2011)

11 번역본: 『로마제국 쇠망사 1—6』(민음사, 2010)

12 『근대 정치사상의 토대 1』(한길사, 2004)와 『근대 정치사상의 토대 2』(한국문화사, 2012)로 번역 출간되어 있다. 각각 근대를 상징하는 사건인 르네상스와 종교개혁을 각각 다루고 있다.

13 번역본: 『민주주의의 수수께끼』(후마니타스, 2015)

14 번역본: 『민주주의의 마법에서 깨어나라』(레디셋고, 2015)

15 번역본: 『말과 행위』(서광사, 2005)

16 원문에는 Oxford language philosophy라고 되어 있는데, 언어철학 중에서 옥스 퍼드학파라 불리는 갈래가 '일상 언어 철학(ordinary language philosophy)'이 라 일상 언어 철학으로 번역했다.

17 원문에는 advertising industry라고 되어 있는데, 맥락상 문화산업(culture industry)이 들어가야 한다고 생각한다.

18 영국의 자유당(Liberal Party)은 1859년 휘그파를 중심으로 만들어진 정당이다. 본문에는 Liberal Party라고만 표기되어 있으나, 독자들은 Liberal과 Whig의 관 계를 모를 수 있으므로 (휘그당)이라 표시했다.

19 신해링턴주의는 포콕이 17세기 중 · 후반 잉글랜드 정치사를 연구하면서 포착한 독특한 이데올로기적 전통으로서, 자신들의 토지 재산을 합법적으로 수호하기 위해 무장할 준비가 되어 있는 자유토지보유자들(armed freeholders)의 공화국 을 구상했던 해링턴의 이념을 왕, 상원, 하원으로 이루어진 균형 잡힌 혼합 정체 (balanced, mixed constitution)로 특징지어지는 잉글랜드 '고대 헌정(ancient constitution)'과 화해시키려는 사상적 흐름을 일컫는다. (출처: '신해링턴주의' 에 대한 지성사적 재고: ―제임스 해링턴의 『오시아나공화국』의 수용사를 중심 으로)

20 번역본: 『퀜틴 스키너의 자유주의 이전의 자유』(푸른역사, 2007)

21 "지금도 루카시의 성탑에는 자유(libertas)라는 큰 글자가 새겨져 있다. 그렇다고 해서 루카의 시민 저마다가 콘스탄티노폴리스의 시민보다 더 많은 자유를 지니 고 있다거나 코먼웰스에 대한 봉사를 면제받고 있다고 추론할 수는 없다. 코먼웰 스가 군주정치이건 민주정치이건 자유는 똑같은 것이다." (『리바이어던』, 최공 웅 · 최진원 옮김, 동서문화사, 2016, p.218)

22 마오리족 역시도 배를 타고 건너온 사람들이므로 백인 이주자와 마찬가지로 이 주자라는 점을 부각하며 그들을 큰 하나의 집단으로 묶어내기 위한 표현이다. 와 이탕이 조약 체결지에도 카누가 전시되어 있다고 한다.

6장: 코젤렉과 개념사

1 원제목은 본문에 나와 있듯 '역사적 기본개념'이지만, '코젤렉의 개념사 사전'이 라고 더 많이 불린다. 최종 8권으로 출간되었으며, 한국에도 『코젤렉의 개념사 사전』이라는 제목으로 번역 출간되었으며 총 25개권으로 완간됐다.

2 프랑스 계몽주의자를 philosophe라 부른다.

3 번역본: 『지나간 미래』(문학동네, 1998)

7장: 미셸 푸코와 통치성

1   번역본:『포스트모던의 조건』(민음사, 2018)

2   번역본:『그라마톨로지』(민음사, 2010)

3   에피스테메란 "특정한 시대를 지배하는 인식의 무의식적 체계, 혹은 특정한 방식으로 사물들에 질서를 부여하는 무의식적인 기초" 혹은 "한 주어진 시대에 있어 인식론적 구조물들을, 과학들을, 경우에 따라서는 공식화된 체계들을 발생시키는 언설적 실천들을 묶어줄 수 있는 관계들의 집합"을 의미한다. (『지식의 고고학』 4장)

4   번역본:『임상 의학의 탄생―의학적 시선의 고고학』(이매진, 2006)

5   번역본:『지식의 고고학』(민음사, 2000)

6   규범(norm)을 출발점 삼아 최종적으로 정상과 비정상의 분할에 도달하게 되는 현상을 의미하는 것으로 '규준화'로 번역되기도 한다. 푸코는 해당 개념과 관련한 강연에서 '정상화'라는 표현에 대해 다음과 같이 설명한 바 있다. "규율 기술에서 발생하는 것은 정상화라기보다는 규범화(normation)라는 점을 지적하고 싶습니다. 이 어법에 어긋난 단어를 용서해주십시오"(『안전, 영토 인구』, 오트르망 옮김, 난장, 2011, p.92)

7   1971년부터 1984년까지 진행했던 이 강의는, 장 이폴리트가 죽을 때까지 맡고 있던 철학적 사유의 역사(Histoire de la pensée philosophique)를 대체한 것이었다. 푸코가 1970년에 했던 교수취임 기념 강의는『담론의 질서(Orders of Discourse)』(우리나라 번역본은『담론의 질서』(중원문화, 2023))라는 제목으로 출판되어 있으며, 콜레주 드 프랑스에서 푸코가 했던 강의는 총 5권으로 번역되어 있다. (『지식의 의지에 관한 강의』,『정신의학의 권력』,『사회를 보호해야 한다』,『안전, 영토, 인구』,『생명관리정치의 탄생』)

8   번역본:『감시와 처벌』(나남출판, 2020)

9   번역본:『사회를 보호해야 한다―콜레주드프랑스 강의 1975-76년』(난장, 2015)

10   번역본:『안전, 영토, 인구―콜레주드프랑스 강의 1977-78년』(난장, 2011)

11   1978년 2월 1일 강의에 따르면 푸코는 올해 강의에 "안전, 영토, 인구"라는 제목을 선택하지 말았어야 한다면서, "제가 진정으로 하고 싶었고, 실제로 지금 하고 싶은 것은 '통치성'의 역사라고 부를 수 있는 어떤 것입니다"라고 말한 바 있다. (『안전, 영토 인구』, 오트르망 옮김, 난장, 2011, p.162) 여기서 언급된 통치성의 정의는 "인구를 주요 목표로 설정하고, 정치경제학을 주된 지식의 형태로 삼으며, 안전장치를 주된 기술적 도구로 이용하는 지극히 복잡하지만 아주 특수한 형태의 권력을 행사케 해주는 제도, 절차, 분석, 고찰, 계층, 전술의 총체"다. (같은

책, pp.162-163)

12 『성의 역사』 3부작은 『성의 역사 1: 지식의 의지』(나남출판, 2020), 『성의 역사 2: 쾌락의 활용』(나남출판, 2018), 『성의 역사 3: 자기 배려』(나남출판, 2020) 으로 번역 출간되어 있다. 푸코의 유작 『성의 역사 4: 육체의 고백』(나남출판, 2019)도 번역 출간되어 있다.

13 기독교 교리 형성과정에서 육체와 성의 윤리를 다루고 있는 부분은 푸코의 유작인 『성의 역사 4: 육체의 고백』에 담겨 있다.

8장: 지구성, 도덕성, 그리고 미래

1 global history를 세계사가 아닌 지구사라 번역하는 것과 마찬가지로, 보통은 '세계화'라는 단어로 번역되는 globalization을 지구화로 번역하였다. '지구화'라는 번역어가 본격적으로 등장하게 된 것은 울리히 벡의 『Was ist Globalisierung?』 라는 책이 『지구화의 길』로 번역되면서부터다.

2 이러한 주장을 하는 가장 대표적인 학자는 캐나다 출신의 학자인 다니엘 벨 (Daniel A. Bell)이다. 『China's New Confucianism: Politics and Everyday Life in a Changing Society』, 『Beyond Liberal Democracy: Political Thinking for an East Asian Context』 등의 책을 썼으며, 우리나라에 소개된 책으로는 『차이나 모델, 중국의 정치 지도자들은 왜 유능한가』(서해문집, 2017)가 있다. 다니엘 벨이 주장하는 중국식 능력주의는 우리나라에 '현능주의'로 소개되어 있다. '현능' 이라는 단어는 '어질고 유능한 사람을 뽑아 그에게 정치를 맡긴다(選賢任能)'라는 『예기』의 문장에서 유래하였으며, 능력(merit)이 주가 되는 서구식 능력주의와는 다소 차이가 있다. 본문에서 언급되는 중국식 능력주의는 모두 '현능주의'로 번역했다.

3 『영국 노동계급의 탄생』의 서문에 등장하는 표현이다.

4 번역본: 『영국노동계급의 형성』(창비, 2000)

5 번역본: 『오리엔탈리즘』(교보문고, 2015)

6 헤겔은 베를린대학에서 반년 단위의 강의를 총 5회 진행했다. 강의 내용은 편집되어 『역사철학강의Vorlesungen uber die Philosophie der Geschichte』라는 책으로 출판되었다. 번역본은 『역사철학강의』(동서문화사, 2008)

7 이념적 집단에 속한 사람들이 더욱 극단적인 의견에 대해 높은 보상을 주는 피드백 순환을 통해 점점 더 열성적이고 편협해지는 상황을 설명하는 사회학 이론을 말한다.

더 읽을거리

1   번역본: 『인권이란 무엇인가』(21세기북스, 2011)

2   실제 이름은 Faisal Devji인데 원문에는 Faisai Devji라고 표기돼 있다.

3   실제 쓰이는 이름은 Lydia H. Liu인데 원문에는 L. H. Liu라고 표기돼 있다.

4   번역본: 『충돌하는 제국: 서구 문명은 어떻게 중국이란 코끼리를 넘어뜨렸나』
     (글항아리, 2016)

5   번역본: 『일본 정치사상사 (17–19세기)』(고려대학교출판문화원, 2017)

6   원문에는 Fukuzawa Yukichi and Nake Chomin Kim Youngmin이라고 되어 있다.
     나카에 조민 이름도 잘못 적혀 있고, 김영민의 이름과도 섞여 있다.

7   번역본: 『중국정치사상사』(사회평론아카데미, 2021)

8   번역본: 『정치 사회적 개념의 역사: 비판적 소개』(소화, 2010)

9   번역본: 『의미와 콘텍스트―퀜틴 스키너의 정치사상사 방법론과 비판』(아르케,
     1999)

역자 후기

1   『지성사란 무엇인가?』, 이우창 옮김, 오월의봄, 2020, p.14.

2   영문판 본문 버전으로 78쪽.

역자 후기

 '정치사상사'라는 제목을 보고 이 책을 선택한 독자들 중에서 책의 내용이 예상과 다르게 펼쳐지는 것을 보고 당황한 독자도 있었으리라는 생각이 든다. 지성사가(intellectual historian)로 유명한 리처드 왓모어(Richard Whatmore)가 쓴 이 책은 정치사상의 역사를 고대부터 현대까지 하나의 이야기로서 훑어주는 책이라기보다는, 정치사상을 둘러싼 역사를 제대로 이해하는 방법에 관한 책에 가깝다. 홉스, 로크, 루소 등 들어봄 직한 유명한 사상가들의 다양한 주의 주장들이 역사의 흐름 속에서 어떻게 등장하고 또 어떻게 저물었는지를 궁금해하는 독자 입장에서는 책의 목차를 보고 실망했겠지만, 복잡한 역사의 흐름 속에 놓인 정치사상을 정확하게 이해하기 위해 반드시 수반되어야 할 역사적 분석이 어떻게 이루어져야 하는지를 누구보다도 잘 안내해주는 책이라는 점에서는 정치사상사를 공부하기 위한 훨씬 근본적인 입문서를 만난 셈이다.

인간을 연구하는 학문이라면 어떤 학문이건 간에 역사, 즉 과거의 사건들을 제대로 돌아보는 것이 중요하다고 말해진다. 인간 사이의 다양한 갈등과 공동체의 흥망성쇠를 연구하는 학문인 정치학도 예외가 될 수 없다. 많은 정치학자들은 과거의 사건들을 제대로 탐구함으로써 현재에 적용할 수 있는 교훈을 얻고자 했으며, 그와 더불어 정치학을 지배하는 일반적 원칙을 발견하고자 애썼다. 그중에는 영국의 명예혁명이나, 미국의 독립혁명 등 굵직굵직한 정치적 사건들을 중심으로 인간이 겪어온 일들을 관통하는 하나의 서사를 찾아내려 하거나, 역사가 궁극적으로 도달하고자 하는 지점을 향해 달려가고 있다고 상정하며 필연적으로 도래할 미래를 염두에 두고 현재를 분석하거나, 시대를 불문하고 모든 사상가를 사로잡았던 본질적 질문을 찾아내려는 학자들도 있었다. 하지만 이 책의 저자인 왓모어의 주장에 따르면 이들은 모두 역사를 '제대로' 돌아보는 방법이라 볼 수 없다. 왓모어는 이 책을 통해 자신이 속한 케임브리지학파가 역사 연구와 관련하여 제시한 방법론과 연구성과를 간략히 소개하며, 역사를 제대로 돌아보는 것이란 무엇인지를 보여준다.

총 8개의 장으로 구성된 이 책의 목차는 언뜻 보면 서로 연관성 없이 단절된 듯 보이지만, 이 책의 중요한 키워드인 케임브리지학파를 중심에 놓고 보면 다음과 같이 각 장을 요약해볼 수 있다. 우선 1장에서는 역사와 정치가 어떠한 관계를 맺고 있는지를 간략히 보여주며, 흥미로운 사례들을 언급하며 특정한 정치적 사건이나 정치적 주장을 제대로 이해하기 위해서는 반드시 그를 둘러싼 역사적 맥락을 면밀히 분석하는 작업이 수반되어야 함을 주장하고 있다. 2장에서는 하나의 학문 분과로서의 정치사상사는 1960년대가 되어서야 비로소 등장했다는 점을 언급하며, 정치사상사에서 중시하는 것은 엄밀한 역사 분석을 통해 특정한 사상이 당대에 지녔던 의미를 제대로 파악하는 것이라 설명하고 있다. 즉, 정치사상사가들은 언어를 비롯한 당대의 사회적 맥락을 정확히 분석함으로써 과거에 살았던 사람들이 나눴던 대화를 최대한 그대로 복원하고자 한다.

3장과 4장은 케임브리지학파에 속한 정치사상사 연구자들이 비판적으로 바라보는 역사에 대한 접근방식, 즉 목적론적 역사관을 대표하는 마르크스주의와 '예기적 해석'을 유발하는 현재주의를 대표하는 정치철학적 접근방식을 각각 소개하고 있다. 3장에서 저자는 역사학자들에게 지대한 영향을

끼쳤던 마르크스주의의 역사관을 주로 다루며, 역사의 흐름
이 필연적인 역사 발전 과정에 의해 궁극적 목적을 향해 흘러
갈 것이라 전제하는 목적론적 역사관이 발생시킬 수 있는 문
제들을 서술한다. 4장에서는 롤스, 아렌트, 슈클라, 스트라우
스 같은 대표적인 정치철학자들이 소개된다. 저자가 보기에
이들은 모두 정치철학 분야의 대가이지만, 모두 정치사상사
를 '철학적' 방식으로 다뤘다는 문제가 있다. 시대를 초월하
는 본질적 문제의식이 존재한다고 전제하고서 당대의 맥락
과 무관하게 현재의 개념을 과거 사상가들에게 대입하거나
현재 상황에 함의를 줄 수 있는 사상만을 편의적으로 택하며
학생들이 고전을 통해 각자의 주관적 관점을 형성하기를 요
구하는 방식으로는 과거의 사상이 갖는 의미를 제대로 독해
해낼 수 없다는 것이 저자의 주장이다.

　케임브리지학파를 다루고 있는 5장이야말로 정치사상사
란 무엇인지를 가장 풍부하게 보여주는 장이다. 5장에서 저
자는 케임브리지학파를 대표하는 세 명의 학자, 즉 스키너와
포콕, 던의 연구 방법론과 성과를 간략히 소개함으로써 역사
속 사상의 의미를 제대로 독해한다는 것이 어떤 것인지를 소
개한다. 케임브리지학파의 연구 방법론에 영향을 줬다고 할
수 있는 코젤렉과 푸코는 각각 6장과 7장에서 소개된다. 코젤
렉은 『개념사』라는 프로젝트를 통해, 푸코는 고고학적/계보

학적 논의를 통해 특정한 개념과 사상을 맥락적으로 파악한다는 것이 무엇인지와 관련한 주목할 만한 성과를 남겼다. 마지막 장인 8장에서는 지구적 관점을 강조하며, 모든 논의를 추상화시키거나 과거에 대한 도덕적 재판관이 되는 등 정치사상을 둘러싼 맥락을 제대로 고려하지 못한 역사 연구는 오히려 몰역사적 결론으로 이어질 수 있음을 다시 한번 경계하며 책을 마무리한다.

　케임브리지학파는 역사를 불확정적인 것으로 보았다. 역사란 절대 단선적인 경로를 따르거나 필연적 인과관계에 의해 진행되지 않는다. 또한 역사는 행위자들이 의도한 대로 흘러가지 않으며, 우연하게 발생한 의도치 않은 결과들로 점철되어 있다. 이처럼 불연속적인 역사 위에 놓인 정치사상의 의미를 제대로 이해하기 위해서는 철저히 당대로 돌아가 그 시대의 맥락을 엄밀하게 탐구하는 수밖에 없다. 이처럼 역사의 불연속성을 강조했다는 이유로, 케임브리지학파는 이미 지나간 과거의 자잘한 세부 사항들에 쓸데없이 골몰하며, 오늘날의 정치를 위한 실천적 함의를 전혀 도출해내지 못한다는 비판을 받기도 했다.

　그러나 왓모어가 본문을 통해 지속적으로 반박했듯, 케임브리지학파의 정치사상사 연구방식은 학문적으로도, 실천적으로도 중요한 의의를 지니고 있다. 첫째, 과거의 맥락을 최대한 온전히 복원해냄으로써 과거를 바라보는 자의적 관점이나 판단이 배제되어 정치사상에 대한 보다 엄밀하고도 정교한 분석이 가능해진다. 둘째, 과거는 과거대로 현재는 현재대로 각각의 맥락에 근거해 분석하는 훈련을 통해 자각하지 못했던 현재의 선입관을 발견할 수 있게 되고, 그를 통해 오늘날의 정치적 문제를 둘러싼 다양한 쟁점을 보다 정확하고 깊이 있게 이해할 수 있게 된다. 셋째, 역사의 불연속적 속성을 오해하지 않음으로써 목적론적 역사관이 배태할 수 있는 극단주의적 이데올로기에 빠지지 않을 수 있다.

이러한 의의에도 불구하고, 혹자는 여전히 케임브리지학파라는 일군의 학자들이 만들어낸 연구 방법론과 성취들로 정치사상사라는 하나의 학문 분과 전체를 설명하는 것이 가능한 일인지 의구심을 가질 것이다. 그러나 왓모어가 케임브리지학파에 대해 서술한 또다른 책 『지성사란 무엇인가?』의 서언에서 "이 책의 목표 중 하나는 케임브리지학파 같은 이름표가 오늘날 더는 필요하지 않다는 사실을 보여주는 것"[1]임을 밝히기도 했듯, 이제 케임브리지학파가 강조하는 연구방법론은 독특한 하나의 방법론을 넘어선 것처럼 보인다. 실제로 책을 번역하며 케임브리지학파가 강조하는 역사적 맥락 읽기의 중요성은 인간과 사회를 탐구하는 학자라면, 더 넓게는 인간과 사회에 대한 심도 있는 앎을 추구하는 사람이라면 누구나 갖춰야 하는 덕목과 관련되어 있다는 생각이 들었다.

복잡하고 다원적인 세상을 살아가는 인간을 탐구하는 학문이 어느 정도의 객관성과 엄밀성을 확보하기 위해서는 탐구 대상을 둘러싼 맥락을 섬세하게 이해하는 것이 중요하다. 이는 비단 학문 영역에만 해당되는 내용이 아니라, 일상의 원활한 소통을 위해서도 염두에 두어야 할 내용이다. '가장 구체적인 것이 가장 보편적이다'는 말이 있듯, 특정한 사건이나 발언을 둘러싼 맥락이 최대한 구체적으로 제시될수록 그 안에 담긴 본래의 의미를 정확하게 포착해낼 가능성이 커진다. 또한 완벽하게 동일한 문장이라 하더라도 어떠한 맥락 속에 어떻게 위치해 있느냐에 따라 때로는 급진적으로 받아들여질 수 있는 문장이 때로는 기존 사회 통념을 지지하는 문장이 되는 등 전혀 다른 함의와 효과를 지니기도 한다. 하지만 현재 사회를 살펴보면, 양심 있는 정치인의 입장 변화가 탈맥락화되어 단순한 '번복'으로 여겨지거나 혹은 어떤 정치인의 발언이 맥락이 삭제된 채로 발언자의 목적을 위해 편의적으로 인용되는 등, 사유할 여유가 없는 사람들에게 복잡하게 얽혀 있는 구체적 맥락들을 섬세하게 고려하는 것을 기대하기는 쉽지 않아 보인다.

대부분의 사람은 복잡한 세상사를 이해할 수 있는 하나의 서사를 통해 명쾌하게 풀어내고자 하고, 실제로는 우연의 산물에 가까운 결과를 필연적 인과로 이해하고자 하며, 분류가 불가할 정도로 다양한 사건들을 단순하고 도식적인 틀에 끼워맞추려는 경향이 있다. 하지만 이러한 피상적이고 몰역사적인 경향은 잘못된 이해, 그리고 잘못된 이해에 기반한 잘못된 판단을 낳을 뿐이다. 이런 상황 속에서 인간사(人間事)의 복잡함을 이해하고 다층적 맥락을 고려하는 섬세하고도 신중한 태도를 갖추는 것은 학자를 넘어 한 명의 인간으로서 올바른 판단을 내리기 위해 반드시 갖추어야 할 덕목인 셈이며, 그러한 면에서 이러한 훈련을 가능케 하는 정치사상사는 "성찰적 정치 혹은 잘 고려된 정치적 판단을 위한 필수적인 지식"인 동시에, "시민교육의 중요한 요소"[2]가 되는 것이다.

마지막으로 책 제목에 대한 언급이 필요하겠다. 책의 원래 제목은 『정치사상사*The History of Political Thought*』이지만, 『서양 정치사상사』라는 제목으로 번역되었다. 정치사상사라는 학문의 한계로 지적되어온 유럽중심주의에 대해 여러 차례 언급하며 비서구권 연구들도 함께 언급하려 노력했던 왓모어 입장에서는 서운한 제목이 아닐 수 없다. 하지만 실제로 이 책에서 다루고 있는 학문적 성과나 언급되는 저자들이 거의 모두 유럽을 배경으로 두고 있으며, 거대한 서구의 학문적 전통의 뿌리 위에 놓여 있다는 점은 부인할 수 없는 사실이다. 그로 인해 왓모어가 애써 언급한 비서구권 학자들과 그들의 연구는 구색을 갖추기 위한 들러리처럼 느껴질 수밖에 없었고, 차라리 왓모어가 서양 정치사상사라는 제목 아래 좀더 전면적으로 서구권의 전통과 성과를 언급하는 것이 낫지 않았을까라는 생각이 들기도 했다. 아시아계 학자들의 이름의 철자가 잘못 적힌 것을 보았을 때는, 실수일 거라 생각하면서도 괜히 속이 상하기도 했다.

하지만 서양 정치사상을 연구하는 사람들에게 있어서만큼은 이만큼 엄밀하고 신중하게 작성된 책이 없으리라 생각한다. 한때 루소를 연구했던 사람으로서, 프랑스혁명을 주도한 사상가들에게 추앙받았다는 이유만으로 루소가 살아 있었다면 프랑스 혁명에 동조했을 거라 추론하거나 그를 혁명의 아버지로 단순화시키는 서술이 늘 아쉬웠는데, 이 책에는 루소가 혁명에 대해 얼마나 회의적이었는지에 대한 언급이 있어 무척 반가웠다. 그뿐만 아니라 정치사상사 분야에서 상당한 영향력을 가지고 있는 저작들이 나름 일목요연하게 정리되어 있어 독서를 위한 안내서로도 유용하겠다는 생각이 들었다. 왓모어가 추천한 더 읽을거리(Further Reading)에 언급된 최신 연구들 역시 정치사상사에 관심을 가진 연구자들에게 좋은 자료가 되리라 생각한다.

정치사상을 연구하며, 기라성 같은 사상가들이 남겨놓은 방대한 지적 유산 덕에 개인으로서는 절대 경험하지 못할 깊고 넓은 세계를 유영할 수 있다는 사실이 언제나 행복하게 느껴졌다. 그리고 넓이를 가늠하기도 어려울 정도로 방대한 바다와 같은 텍스트 더미들 속에서 어렴풋하게만 느껴지던 사상가들의 목소리가 구체적인 역사적 맥락들을 통해 좀더 또렷하게 들리는 경험들에서 학문적 쾌감을 느끼기도 했다. 이 책을 통해 더 많은 이들이 다양한 정치사상 텍스트들을 좀더 흥미롭게 읽어나갈 수 있기를, 일상에서도 섬세한 맥락 고려를 통해 다양한 정치적 사건들과 인물들의 발언을 좀더 선명하게 이해할 수 있기를, 그래서 오해와 왜곡이 난무하는 세상 속에서도 정확한 소통의 가능성을 믿게 되기를 바란다.

독서 안내

이 책에서 언급된 정치사상사 분야의 영향력 있는 저작들 이외에 추천하고 싶은 책들은 아래와 같다.

『지성사란 무엇인가?』(오월의봄, 2020)

이 책의 저자인 리처드 왓모어가 케임브리지학파의 연구 방법론과 성과에 대해 서술한 또다른 책이다. 지성사(intellectual history)는 관념(idea)의 역사를 다루는 학문으로 정치사상사보다 좀더 포괄적인 개념이며, 그에 따르면 케임브리지학파는 정치사상사도 다루는 지성사라고 할 수 있다. 이 책에서는 비교적 짧게 다뤄진 케임브리지학파에 관한 좀더 상세한 설명을 찾아볼 수 있으며, 지성사를 전공하는 역자의 주석과 해제도 이해에 많은 도움이 된다.

『역사를 읽는 방법—텍스트를 어떻게 읽고 해석할 것인가』 (돌베개, 2012)

모두 3권으로 이루어진 퀜틴 스키너의 『정치를 바라보는 관점들 *Visions of Politics*』의 1권 '방법에 관하여(Regarding Method)'에 해당하는 내용이 번역된 책이다. 퀜틴 스키너가 텍스트를 독해하는 방법에 관해 작성한 기존의 논문과 새로 쓴 글 10편이 엮여 있으며, 케임브리지학파의 방법론이라고 할 수 있는 '언어 맥락주의'가 구체적으로 어떤 방식으로 작동하는지를 이해하기 위해 참고할 수 있는 책이다.

『퀜틴 스키너의 자유주의 이전의 자유』 (푸른역사, 2007)

케임브리지학파는 '언어 맥락주의'라는 방법론 이외에도 공화주의 연구로도 유명하다. 1960년대 이전까지 자유주의를 중심으로 유럽의 다양한 정치적 사건들과 역사가 설명되고 있었던 상황 속에서, 케임브리지학파가 엄밀한 역사 분석을 통해 제대로 조명되지 못했던 유럽의 공화주의적 전통을 발굴해냈기 때문이다. 이사야 벌린의 자유의 두 개념을 비판하며 17세기의 신로마 이론을 소개하는 스키너의 책을 통해 케임브리지학파와 공화주의의 관계를 파악해볼 수 있다.

『정치철학』 (교유서가, 2022)

우리나라에서는 정치사상사와 정치철학이 엄밀히 구분되지 않는 경향이 있으나, 왓모어가 지적하듯 시대를 초월하는 본질적 문제의식이 존재함을 전제하고서 여러 사상가들의 주장을 철학적으로 고찰하는 정치철학은 이 책에서 주로 다루는 역사학적 접근과는 분명 차이점을 지닌다. 권력과 민주주의, 자유 등 정치철학의 핵심 개념들로 목차가 구성된 책으로, 정치사상가들과 그들의 텍스트가 인용되는 방식이 이 책에서 설명하는 것과 어떻게 다른지 비교해보면서 읽어보는 것을 추천한다.

『정치사상사—헤로도토스에서 현재까지』 (문학동네, 2017)

영국의 정치철학자 앨런 라이언이 30년 넘게 작업해 출판한 방대한 양의 책으로, 시대의 흐름에 따라 어떤 정치사상이 등장하고 저물었는지를 알고자 하는 사람들의 기대를 충족시켜주는 책이다. 고대 그리스 시기부터 현재에 이르기까지 주요한 사상가들과 주요한 사건들이 일목요연하게 정리되어 있다. 방대한 양 덕분에 정치사상의 변천을 거시적으로 이해하는 데 있어 좋은 안내서가 되어주며, 사건 및 학자를 다루는 각 장 역시 해당 내용에 대한 짧은 입문서라 할 수 있을 정도로 내용이 충실하다.

『정치사상사—고대에서 현대까지』 (북캠퍼스, 2023)

시대의 흐름에 따른 정치사상의 변천을 알아보고 싶지만 앨런 라이언이 쓴 『정치사상사』를 읽기에는 그 방대한 양이 부담스럽다면 이 책을 읽어볼 수 있다. 시대별로 정치학의 주요 논쟁점이 되었던 키워드를 관련한 사상가들과 함께 소개함으로써 정치사상의 역사 속에서 등장해왔던 중요한 질문들을 핵심이 되는 키워드들을 중심으로 간략하게 훑어볼 수 있도록 구성되어 있다. 이 책에 실린 옮긴이의 말을 빌리자면, "깊이를 희생하지 않고도 복잡한 사상을 접근 가능한 언어로 풀어 정제해냄으로써 고대 그리스부터 현대에 이르는 광활한 정치사상의 세계로 독자를 안내"하는 책이다.

『고슴도치와 여우 ― 우리는 톨스토이를 무엇이라 부르는가』 (애플북스, 2010)

톨스토이의 역사관을 다룬 이사야 벌린의 책으로, 섬세하면서도 신중한 케임브리지학파의 접근방식과 대비되는 과감하면서도 간명한 벌린의 접근법이 돋보이는 책이다. 벌린은 고대 그리스 시인 아르킬로코스가 남긴 "여우는 많은 것을 알지만 고슴도치는 하나의 큰 것을 알고 있다"라는 말에서 출발해, 인간을 일원적 세계관을 가진 고슴도치형 인간과 다원적 세계관을 가진 여우형 인간으로 크게 나누고, 톨스토이는 여우형 인간이었을 것이라 판단한다. "자유의 두 개념"에서 자유 역시 이분법적으로 설명해 스키너의 비판을 받기도 했던 벌린의 독특한 접근법을 케임브리지학파의 사상가들과 대비하여 읽어볼 만하다.

『**미셸 푸코**』(이학사, 2022)

프랑스의 저명한 철학자이자 미셸 푸코 전문가인 프레데릭 그로가 쓴 책의 번역서로, 푸코 연구자인 역자가 "이 책보다 엄밀하고 경제적인 방식으로 푸코 사상 전체를 요약, 정리한 책은 없다"고 말할 정도로 푸코의 생애와 사상을 압축적이면서도 체계적으로 정리해놓은 훌륭한 입문서이다. 푸코를 다룬 이 책의 7장을 번역하며 많은 도움을 받았다. 이 책에서 푸코의 방대한 사상이 다소 간략하게 언급되어 아쉬웠던 독자가 있다면, 이 책을 추천한다.

도판 목록

서양 정치사상사

THE HISTORY OF POLITICAL THOUGHT

초판 1쇄 인쇄 2024년 12월 3일
초판 1쇄 발행 2024년 12월 13일

지은이 리처드 왓모어
옮긴이 황소희

편집 황도옥 이원주 이희연 이고호
디자인 이정민
저작권 박지영 형소진 최은진 오서영
마케팅 김선진 김다정
브랜딩 함유지 함근아 박민재 김희숙 이송이
　　　　박다솔 조다현 배진성 이서진 김하연
제작 강신은 김동욱 이순호
제작처 한영문화사(인쇄) 한영제책사(제본)

펴낸곳 (주)교유당　　**펴낸이** 신정민
출판등록 2019년 5월 24일
　　　　제406-2019-000052호
주소 10881 경기도 파주시 회동길 210
전자우편 gyoyudang@munhak.com
문의전화 031) 955-8891(마케팅)
　　　　031) 955-2680(편집)
　　　　031) 955-8855(팩스)

페이스북 @gyoyubooks
트위터 @gyoyu_books **인스타그램** @gyoyu_books

ISBN 979-11-93710-89-0　03300